Karl Kautsky

Produktion und Konsum im Sozialstaat

Karl Kautsky

Produktion und Konsum im Sozialstaat

ISBN/EAN: 9783743339491

Hergestellt in Europa, USA, Kanada, Australien, Japan

Cover: Foto ©ninafisch / pixelio.de

Manufactured and distributed by brebook publishing software
(www.brebook.com)

Karl Kautsky

Produktion und Konsum im Sozialstaat

Atlanticus

Produktion und Konsum

im

Sozialstaat

Mit einer Vorrede von Karl Kautsky

Stuttgart

Verlag von J. H. W. Dietz Nachf. (G. m. b. H.)

1898

Inhalts-Verzeichniß.

Vorrede.

Vorliegende Arbeit wurde der Redaktion der „Neuen Zeit" zur Veröffentlichung eingesandt. Ihr Umfang erwies sich jedoch als viel zu groß dazu, daher empfahl der Schreiber dieser Zeilen dem Verleger der „Neuen Zeit", die Abhandlung als selbständige Broschüre herauszugeben.

Der Unterzeichnete trägt also eine gewisse Verantwortung für ihr Erscheinen, und zwar um so mehr, als der Verfasser der Schrift aus naheliegenden Gründen unter einem Pseudonym vor das Publikum tritt, Dank der famosen Freiheit, die die Wissenschaft im Lande der Dichter und Denker genießt.

Mancher wird sich vielleicht darüber verwundern, wie wir dazu kamen, uns für die Herausgabe dieser Schrift zu interessiren, die keineswegs von unserem Standpunkt aus geschrieben ist. Der Verfasser steht Anton Menger näher als Marx, und er wendet sich in seiner Arbeit zu wiederholten Malen sowohl gegen einzelne Marxisten, wie auch gegen unsere ganze Richtung.

Aber bei allen Verschiedenheiten und Gegensätzen ist er doch Sozialist und seine Schrift hatte keine Aussicht, in einem bürgerlichen Verlag angenommen zu werden. Wir hätten es aber sehr bedauert, wenn sie gar nicht hätte erscheinen können, da sie eine Lücke in der bisherigen sozialistischen Literatur ausfüllt oder zum mindesten ihre Ausfüllung anbahnt.

Allerdings beschäftigt sie sich ausschließlich mit dem „Zukunftsstaat", mit dem „Endziel" der sozialistischen Bewegung, also mit einer Frage, die uns angeblich höchst gleichgiltig geworden ist, wie triumphirend alle die Leute verkündigen, die den Zusammenbruch des Marxismus nicht erwarten können und daher aus vereinzelten und recht sehr von rechts wie von links mißverstandenen Aeußerungen eine „Krisis" im Marxismus deduziren.

Wenn diese Zusammenbruchs= und Krisenpropheten sich auf den Satz von Bernstein berufen, er habe „für das, was man gemeinhin unter ‚Endziel des Sozialismus' versteht, außer= ordentlich wenig Sinn und Interesse; dieses Ziel, was immer es sei, sei ihm gar nichts, die Bewegung alles", so hat Bernstein diesen Satz selbst schon richtig gestellt. Daß er nicht so zu ver= stehen war, wie er auf den ersten Blick aussieht, mußte auch ohne diese Erklärung schon die Erwägung klar machen, daß der Satz in einer Artikelreihe stand, die sich sehr eingehend ge= rade mit den Zielen der sozialistischen Bewegung beschäftigt. Und wäre der anscheinende Sinn der richtige gewesen, dann hätte Bernstein nicht blos als Marxist, sondern überhaupt als Theoretiker, ja als Kulturmensch abgedankt. Keine Frage nimmt so sehr das allgemeine Interesse der modernen Kulturmenschheit gefangen, wie die nach dem Ziele, dem die gewaltig anschwellende proletarische Bewegung zustrebt. Die verschiedensten Meinungen herrschen in den verschiedenen Lagern über dies Ziel, aber Interesselosigkeit darüber nirgends; es beschäftigt ebenso sehr die Gegner des Sozialismus wie dessen Anhänger. Es ist das Ziel, was die einen von den andern scheidet, und nicht das größere oder geringere Interesse für das Ziel. Die Bewegung des Proletariats läßt sich nicht mehr aufhalten, das ist jedem Denkenden offenbar geworden. Nur Narren und gedankenlose Gewaltslümmel können sich einbilden, das Proletariat auf die Dauer niederzwingen zu können. Wer die Zeichen der Zeit mit Verständniß beobachtet, der ist über diesen Glauben längst hinaus. Für den steht es fest, daß die proletarische Bewegung das ihr durch die ökonomische Entwicklung gesteckte Ziel erreichen wird. Welches ist dies aber? Für die Einen, die bürgerlichen Sozialpolitiker, ist es der soziale Friede, die Versöhnung des Kapitals mit der Arbeit, die nach ihrer Ansicht sich einstellen muß, wenn die letztere als gleichberechtigter und ebenbürtiger Faktor dem ersteren gegenübersteht. Für die Andern, die prole= tarischen Sozialisten, ist der Gegensatz zwischen Kapital' und

Arbeit unüberbrückbar. Der Klassenkampf zwischen Beiden wird und muß enden mit der Niederwerfung des Kapitals, mit der Eroberung der Produktionsmittel durch die Arbeiter= klasse, das heißt aber, mit der Bildung einer neuen Pro= duktionsweise.

Das ist der fundamentale Widerspruch, der das Lager der bürgerlichen Sozialpolitiker von dem der proletarischen Sozial= demokratie trennt, er ist es, der hüben wie drüben bei Weitem das größte Interesse der Theoretiker auf sich vereinigt. In den Fragen der praktischen Bewegung gehen die Wege Beider heute oft parallel — Beide streben eine Hebung der Arbeiter= schaft an; ihre Mittel sind vielfach dieselben, meist nur die Energie in der Anwendung derselben verschieden. Was sie trennt, sind die Erwartungen, die sie an diese Mittel knüpfen. Die= selben Maßregeln, die nach den Einen die Proletarier aus geschworenen Feinden zu Stützen der bestehenden Ordnung machen sollen, sind in den Augen der Anderen Mittel, den Kampf gegen diese Ordnung mit verstärkter Wucht zu führen. Was sich aber der Ausführung dieser nächsten praktischen Maß= regeln in den Weg stellt, das ist nur noch die sinnlose Bruta= lität der Machthaber in Politik und Oekonomie, nicht mehr widerstrebende Theorien. So wichtige Detailfragen auch die Entwicklung des Gewerkschaftswesens und des Arbeiterschutzes mit sich bringen mag, die entscheidenden theoretischen Schlachten auf diesen Gebieten sind geschlagen; jeder weitere Fortschritt darin ist nur noch eine Frage der Macht. Dies „nur" soll natürlich nicht Geringschätzung bedeuten. Sind auch diese Fragen der Sozialpolitik nur noch Detail= und Machtfragen, so sind sie gerade deswegen praktisch die wichtigsten, die die proletarische Bewegung am meisten beschäftigen. Aber sie sind nicht die für den Theoretiker interessantesten. Aufs heißeste theoretisch um= stritten ist dagegen das Ziel der proletarischen Bewegung, das heißt, die Frage nach der Richtung der ökonomischen und poli= tischen Entwicklung und nach ihren Bedürfnissen. Auf diesem Gebiete wogen noch die heftigsten theoretischen Kämpfe. Was würden da unsere Gegner gewinnen, wenn es einem Marxisten einmal wirklich einfiele, zu erklären, dieses Ziel sei ihm gleich=

giltig geworden? Würde damit das Geringste zu Gunsten ihrer Auffassung bewiesen?

Zuerst mögen die Herrn Sozialpolitiker uns einen ernsthaft zu nehmenden Marxisten zeigen, der sich zu ihrem Ziel bekehrt hat, der angefangen hat, an den sozialen Frieden zu glauben, dann mögen sie von Krisen im Marxismus reden. Das was sie Krisen nennen, hat es im Marxismus seit jeher gegeben und wird es immer geben, weil er eben kein todtes Dogma ist, sondern eine lebendige Lehre, die aus dem Leben schöpft und mit dem wechselnden Leben sich stets erneuert. Daß es dabei ohne Meinungsverschiedenheiten nicht abgeht, und daß diese um so eher und öfter eintreten, je größer der Kreis der marxistischen Theoretiker, das ist natürlich. Aber weit entfernt, in seinen Grundsätzen dadurch erschüttert zu werden, wird der Marxismus durch den Fortschritt der Wirklichkeit immer mehr befestigt und bestätigt. Vom sozialen Frieden sind wir ferner als je, jeder Fortschritt der Organisation der Arbeiterklasse wird mit einem Fortschritt der Organisation der Kapitalisten beantwortet, immer mehr werden die Kämpfe zwischen Arbeitern und Unternehmern zu Kämpfen, die die gesammte Gesellschaft erschüttern, zu Bürgerkriegen, an denen alle Klassen und Parteien im Staate theilnehmen. Und wie die Entwicklung des Klassenkampfes, geht auch die des ökonomischen Getriebes in der von Marx vorausgesehenen Richtung vor sich, und wir haben nicht den mindesten Grund, das Ziel, das er im Verein mit Engels erkannt, zu verschieben.

Freilich braucht die größte Klarheit und Einmüthigkeit über das Ziel, dem man zustrebt, nicht zu verhindern, daß über den gangbarsten Weg, der dahin führt, und über seine voraussichtliche Länge große Meinungsunterschiede auftauchen, die unter Umständen recht erhebliche praktische Folgen nach sich ziehen können. Aber darüber mich weiter auszulassen, ist hier nicht der richtige Ort. Hier handelt es sich nur darum, darauf hinzuweisen, daß das sozialistische Endziel keineswegs an Bedeutung für die Sozialdemokratie verloren hat.

Indessen wird man die Frage aufwerfen, ob die detaillirte Zukunftsmalerei vorliegender Schrift geeignet ist, die Erkenntniß dieses Endziels zu fördern. Der Verfasser weist selbst darauf hin, daß die Sozialdemokratie bisher stets die Ausmalung des Zukunftsstaats verpönt habe. Das ist jedoch nur bedingt richtig. Allerdings betrachten wir die sozialistische Gesellschaft der Zukunft wie jede bisherige Gesellschaftsform als einen in steter Entwicklung und Umbildung begriffenen Organismus; wir können wohl bis zu einem gewissen Grade die Richtung dieser Ent= wicklung erkennen, nicht aber die einzelnen Formen, die sie an= nehmen wird; das Einzige, was wir mit Sicherheit darüber sagen können, ist, daß sie anders aussehen werden, als wir sie uns vorstellen können. Denn der heutige Maler des Zukunfts= staats muß nicht nur eine Reihe von Faktoren außer Acht lassen, die erst später auftreten werden, z. B. neue Erfindungen, die wir noch nicht kennen, und die das Bild wesentlich ver= ändern werden, es ist auch unmöglich, alle heute schon be= stehenden Faktoren der sozialistischen Gesellschaft genau zu er= kennen und ihre Entwicklungsmöglichkeit genau abzuschätzen. Die Kunst bleibt immer hinter der Wirklichkeit zurück, selbst dort, wo sie diese nur kopirt, wie denn erst dort, wo sie aus wenigen Ansätzen ihr Bild konstruiren soll.

Die sozialdemokratische Partei hat es daher stets abgelehnt, und mußte es ablehnen, sich auf irgend eine Zukunftskonstruk= tion zu verpflichten, sie als das von ihr angestrebte Ziel zu be= zeichnen.

Sie hat damit jedoch das Aufstellen solcher Konstruktionen keineswegs verpönt. Jeder Mensch, der sich weite Ziele ge= steckt hat, muß das Bedürfniß empfinden, seine Ideen zu Ende zu denken, seine Ideale auf alle ihre möglichen Konse= quenzen hin zu prüfen, im Kopf, wenn man so sagen darf, den Oberbau des kommenden gesellschaftlichen Gebäudes zu kon= struiren, dessen Grundlagen in den heutigen ökonomischen Ten= denzen bereits zu erkennen sind. Je gründlicher der Einzelne diese Denkoperation vorgenommen, desto gefestigter wird seine Ueberzeugung sein, desto klarer und zielbewußter seine Thätigkeit.

Das Ergebniß dieser Blicke in die Zukunft wird aber bei Jedem ein anderes sein, ein anderes nach Temperament, Ein= sicht, Neigungen und nach dem Milieu; es wird ein anderes sein für den Künstler und ein anderes für den Statistiker; ein anderes für den Philosophen und ein anderes für den naiven Naturburschen; ein anderes für den Jüngling und ein anderes für den gereiften Mann. Das hindert jedoch nicht, daß das Verfolgen der Konsequenzen der eigenen Ideale ein ebenso nütz= licher und klärender, wie unvermeidlicher Denkprozeß ist, der im heutigen Stadium der sozialistischen Bewegung um so weniger Unheil anrichten kann, je mehr sie von den praktischen Auf= gaben des Tages in Anspruch genommen wird, so daß es völlig ausgeschlossen ist, sie könnte über der Zukunft die Gegenwart vergessen.

Wenn in einzelnen lebhafteren, phantasiereicheren und kühneren Naturen die Zukunftskonstruktionen konkretere Formen annehmen, so daß sie zu förmlichen Schilderungen der sozialisti= schen Gesellschaft werden, so ist auch dagegen nichts einzuwenden. Die Sozialdemokratie verhielt sich seinerzeit gegen Bellamys „Rückblick" kritisch, aber nicht ablehnend; sie verpönte das Buch durchaus nicht, trug vielmehr selbst zu seiner Verbreitung bei. Und die „Kunde von Nirgendwo" des William Morris wurde in der „Neuen Zeit" veröffentlicht.

Nur dort und nur dann wendet sich die Sozialdemokratie gegen die Zukunftsmalereien, wenn sie mehr sein wollen als Schilde= rungen dessen, wie es sein könnte und sein dürfte; wenn sie mit dem Anspruch auftreten, für die sozialistische Bewegung verbindlich zu werden und die Grundlage ihrer praktischen Thätigkeit abzugeben, wie es Hertzka z. B. mit seiner seichten Utopie „Freiland" beabsichtigte.

Wo das nicht der Fall, hat die Sozialdemokratie um so weniger Ursache, Spekulationen über die sozialistische Zukunft zu verpönen, als solche unter Umständen, wenn mit Sachverstän= niß und Geschick unternommen, nicht unbedeutenden propagan= distischen Werth erlangen können.

Das Rückgrat der Sozialdemokratie wird freilich stets der Klassenkampf des Proletariats sein. Das besagt natürlich nicht, daß sie auf keinerlei Zuzug aus anderen Klassen zu rechnen habe; aber wer aus anderen Klassen zu ihr kommt, wird gerade durch ihre Vertretung proletarischer Interessen zu ihr gezogen;

es sind das auf der einen Seite Bevölkerungselemente, die sich dem Proletariat verfallen fühlen oder an seinem Aufkommen interessirt sind, auf der anderen Seite Elemente, die aus irgend= welchen idealen Beweggründen die Sache des Proletariats zu der ihren machen. Stets aber sind es bestimmte proletarische Interessen und nicht bestimmte Zukunftskonstruktionen, die für die Kraft und den Einfluß der Sozialdemokratie bestimmend sind.

Aber diese Kraft entspringt nicht blos aus ihrer Ver= tretung proletarischer Augenblicksinteressen, sondern ebenso sehr ihren weitgesteckten Zielen, ihren Idealen, die allerdings ebenso wie die Augenblicksziele sehr realen Bedürfnissen und Er= wägungen entsprechen. Nichts irriger als die Ansicht, die man in letzter Zeit öfter aussprechen hörte, nur durch ihre Theil= nahme an den Klassenkämpfen des Tages sei die Sozialdemokratie groß und stark geworden, ihre Ideale seien eine sehr schöne Dekoration, aber ohne jede praktische Bedeutung. Vielmehr be= ruht gerade der beste Theil ihrer Kraft darin, daß sie heute die einzige Partei ist, die Ideale hat, große Ziele, die über die gegenwärtige Gesellschaftsordnung hinausweisen. Das beweist schon eine kurze Ueberlegung.

Es ist unmöglich, den Gegensatz zwischen dem Proletariat und dem Kapital aufzuheben; er muß sich immer mehr ver= schärfen. Ein politisch siegreiches Proletariat ist aber unverein= bar mit dem Fortgang der kapitalistischen Produktionsweise. Ist der Sieg des ersteren unvermeidlich, dann der Untergang der letzteren gewiß. Ein um die Macht im Staate kämpfendes Proletariat muß daher eine neue Produktionsweise, die auf den kapitalistischen Errungenschaften aufgebaut und den proletarischen Interessen angepaßt ist, um so gewisser sich als Ziel seines Kampfes setzen, je tiefer es die Bedingungen seiner Existenz er= kannt hat und je mehr es an sich und seine Sache glaubt. Seine sozialistischen Ideale entspringen ebenso sehr seiner Sieges= zuversicht, wie diese wieder durch jene angefeuert und gehoben wird. Seine idealen, oder wenn man lieber will, revolutionären Ziele, was in diesem Zusammenhang dasselbe bedeutet, bilden aber auch das kräftigste Band, das alle die verschiedenartigen Arbeiterschichten mit ihren verschiedenartigen Augenblicksinter=

essen zu einem einzigen kraftvollen Körper vereinigt. Man nehme dem kämpfenden Proletariat seine sozialistischen Ziele und man nimmt ihm seinen Enthusiasmus und seine Geschlossenheit.

Man nimmt der sozialistischen Bewegung damit aber auch den besten Theil ihrer Anziehungskraft in den tiefsten, wie in den höchsten Schichten der Gesellschaft: einerseits mindert man ihre agitatorische Kraft in jenen Schichten des Proletariats, für welche die Aussichten nur gering sind, aus eigener Kraft sich in den Kämpfen des Tages auf eine höhere Stufe zu heben, denen nur die Hoffnung auf einen völligen Umschwung der Dinge jenen gewaltigen Anstoß ertheilen kann, der allein im Stande ist, sie ihrer apathischen Verzweiflung zu entreißen; andererseits aber muß eine Arbeiterpartei, die ihre sozialistischen Ideale aufgiebt und sich blos auf Lohnkampf und Arbeiterschutz und ähnliche Aufgaben des Tages beschränkt, gerade für die besten Theile der bürgerlichen „Intelligenz", die am ehesten zum Proletariat sich gesellen, sehr an werbender Kraft verlieren. Was das Proletariat von der bürgerlichen „Intelligenz" braucht, was es aus sich selbst nur schwer hervorbringen kann, das sind geschulte Denker, die es intellektuell heben und seinen Bewegungen Zielbewußtsein und Einheitlichkeit geben. Für derartige geistig hochstehende und selbstlose Köpfe der Bourgeoisie wird aber eine proletarische Bewegung um so eher Interesse haben, je idealistischer sie ist, das heißt, je weiter die Ziele sind, die sie sich steckt. Die bedeutendsten unter den großen Utopisten hatten für die Tageskämpfe des Proletariats kein Verständniß; was sie beschäftigte, war die Aufhebung des Proletariats selbst, die Aufhebung der bestehenden Produktionsweise. Das war es, was die besten und tiefsten der bürgerlichen Denker anzog; die großen Kämpfe um kleine, prekäre Errungenschaften stießen sie ab. Es ist das unsterbliche Verdienst von Marx und Engels, diesen Gegensatz überbrückt, die Bedeutung der Tageskämpfe des Proletariats für seine Emanzipation klargestellt und damit dieser eine unwiderstehliche Triebkraft gesichert zu haben, aber auch Engels und Marx, ebenso wie Lassalle, wie fast alle aus der Bourgeoisie entstammenden Elemente unserer Partei, kamen zum Proletariat als Idealisten und Revolutionäre,

als Kämpfer gegen die bestehende Gesellschafts- und Staatsordnung, nicht als bloße Verfechter irgendwelcher kleinen arbeiter-
freundlichen Maßregeln. Ist es aus theoretischen Gründen nicht
angängig, das Ziel hinter die Bewegung zurücktreten zu lassen,
so auch nicht aus praktischen Gründen der Propaganda.

Aber allerdings bedingt auch die sozialistische Propaganda
ebenso wenig wie die Entwicklung der sozialistischen Theorien
die Konstruirung und Ausmalung eines Zukunftsstaats. Um
die Ziele des proletarischen Emanzipationskampfes so weit zu
erkennen, als es für die praktischen Zwecke unserer Generation
erforderlich ist, genügt es, die Gegenwart zu studiren, in ihr
die Keime und die Tendenzen zu entdecken, die versprechen,
sich zu bestimmenden Faktoren der Zukunft zu entwickeln. Aber
die Masse der Menschen wird nicht durch bloße Abstraktionen,
sondern nur durch konkrete Anschauungen bestimmt. Daher
rührt die propagandistische Kraft der sozialistischen Zukunftsmalereien. Es ist kein Zufall, daß von jenen beiden Erschei-
nungen der sozialistischen Literatur des letzten Jahrzehnts, die
die größte Verbreitung fanden, Bellamys „Rückblick“ und
Bebels „Frau“, die erstere ein Zukunftsroman ist und die
zweite sich besonders durch die Fülle und Anschaulichkeit ihrer
Ausblicke in die Zukunft auszeichnet.

Und noch ein anderes propagandistisches Motiv fördert den
Drang, die Zukunft greifbarer darzustellen. Gleich den Sozialisten haben auch deren Gegner die Neigung, die Zukunft aus-
zumalen und die Konsequenzen zu zeichnen, die nach ihrer Ansicht ein Sieg des Proletariats nach sich ziehen müßte. Der
Wunsch, diesen Anti-Utopien zu entgegnen, drängt auch Sozialisten, die gar nicht zu Zukunftsmalereien geneigt sind, sich auf
dies Gebiet, wenn auch vielleicht nur zögernd und abwehrend,
zu begeben. Zu dieser Art defensiver Zukunftskonstruktionen
gehört vorliegende Arbeit.

Zwei Einwände sind es, die hauptsächlich gegen die Ver-
wirklichung der sozialistischen Ideen von unsern Gegnern ins
Feld geführt werden: einmal der, daß der Sozialismus gegen
die „Menschennatur“ verstoße, und dann der, daß seine Gleichheit die des Elends bedeute.

Nehmen wir an, der erstere Einwand sei richtig, so würde er noch immer sehr wenig gegen die Durchführbarkeit des Sozialismus beweisen. Die entscheidende Frage ist die, ob der Sieg des Proletariats und der Untergang des Kapitalismus unvermeidlich sind — dann ist der Sozialismus eine gesellschaft=liche Nothwendigkeit. Oder ist unter den gegebenen Verhält=nissen eine dritte Produktionsweise denkbar?

Ist aber der Sozialismus eine gesellschaftliche Nothwendig=keit, dann wäre, wenn er in Konflikt mit der Menschennatur käme, diese es, die den Kürzeren ziehen würde und nicht der Sozialismus. Denn die Gesellschaft erweist sich stets stärker, als die „Menschennatur", das heißt das Individuum. Das tritt nirgends schlagender hervor, als in der heutigen Gesellschaft, die schon längst beim Teufel wäre, wenn ein Konflikt mit der Menschennatur sie unmöglich machte. Hunger und Liebe sind be=kanntlich die beiden Faktoren, die das ganze Getriebe der Natur, also auch das der Menschennatur im Gange halten. Sie scheinen übermächtig zu sein. Aber was sehen wir: vollgefüllte Bäckerläden, Fleischerläden, Lebensmittelmagazine und vor ihnen zahlreiche Menschen, die hungern, nein, schlimmer, die ihre Kinder hungern sehen, und die dennoch den Geboten des Hungers Widerstand leisten, die nichts von dem Ueberflusse nehmen, der vor ihnen liegt, nicht nur zurückgehalten durch den Arm des Gesetzes, sondern weit mehr noch durch den tief eingewurzelten Respekt vor dem Eigenthum. Das aus dem gesellschaftlichen Bedürfniß hervorgegangene Gebot der Gesellschaft erweist sich mächtiger, als der Hunger.

Und die Liebe? Die Gesellschaft verbietet, wenigstens den Töchtern der Besitzenden, die außereheliche Liebe, die eheliche Liebe wird aber für eine stets wachsende Zahl von Mädchen eine Unmög=lichkeit. Millionen von ihnen verzichten unter diesen Umständen auf jede Liebe, werden eher alte Jungfern, als daß sie in außer=ehelicher Liebe ihr Glück suchten, nicht blos in Folge äußerlichen Zwanges, sondern vor Allem deswegen, weil das Gebot der Gesell=schaft für sie höher steht, als das Gebot ihrer „Menschennatur".

Wäre es also wirklich richtig, daß der Sozialismus gegen verschiedene Eigenthümlichkeiten der menschlichen Natur verstieße, so wäre damit nicht seine Undurchführbarkeit bewiesen, sondern nur dargethan, daß auch er nicht den Himmel auf Erden bringen wird, wobei er noch lange keine solche Hölle zu sein brauchte, wie die heutige Gesellschaft eine für die Mehrzahl ihrer Mitglieder ist. Es wäre natürlich höchst überflüssig, sich den Kopf über das Maß des Glückes zu zerbrechen, das in einer sozialistischen Gesellschaft herrschen wird; die rosenfarbenen Schilderungen auf der einen Seite beweisen ebenso wenig wie die pechschwarzen der andern, der Streit darüber ist ein Kampf von Geistern in der Luft.

Aber so wenig wir eine Garantie für irgend ein Maß von Glückseligkeit in der sozialistischen Gesellschaft übernehmen möchten, so haben wir sicher alle Ursache, auch in dieser Beziehung nicht pessimistisch in die Zukunft zu schauen. Von den beiden mächtigsten Naturtrieben wird der Hunger jedenfalls befriedigt werden. Nicht so einfach steht's mit der Liebe. Eine sozialistische Gesellschaft wird das erste Gemeinwesen sein, in dem individuelle Geschlechtsliebe und ökonomische Selbständigkeit der Frau ohne Prostitution herrschen. In der Urzeit, wo es keine Prostitution gab, kannte man auch nicht die individuelle Geschlechtsliebe. Daraus können, namentlich für die „Männernatur", manche harte Konflikte entstehen, die ihr heute erspart bleiben. Immerhin darf man annehmen, daß nicht blos für die Frauen, sondern auch für die Mehrheit der Männerwelt der Sozialismus die Möglichkeit befriedigenderer Formen des Geschlechtslebens gewährt, als die heutige Produktionsweise.

Neben den Gefühlen des Hungers und der Liebe sind aber die stärksten Triebe in der Menschennatur die sozialen. Der Mensch ist von Natur aus ein soziales Thier, und die sozialen Instinkte, Ehrgeiz, Pflichtgefühl, Hingebung für Andere, sind bei ihm so tief gewurzelt, daß selbst Jahrhunderte des erbittertsten Konkurrenzkampfes sie nicht völlig unterdrücken konnten. Diese Seite der Menschennatur muß in einer sozialistischen Gesellschaft reiche Gelegenheit zur Bethätigung und Entfaltung finden.

Es ist charakteristisch, daß unsere bedeutendsten Utopisten die menschliche Seele kannten wie nur Wenige und für Psychologie und Pädagogik bahnbrechende Beobachtungen gemacht haben. Und ihnen erschien der Sozialismus geradezu als die der Menschennatur entsprechendste, also für sie beglückendste Form der Gesellschaft.

Das ist natürlich utopistisch gedacht. Eine vollkommene Form der Gesellschaft giebt es überhaupt nicht; und die entscheidende Triebkraft der Entwicklung der Gesellschaft ist nicht das Streben, diese der Menschennatur immer entsprechender zu gestalten, sondern der technische Fortschritt. Die Technik ist in letzter Linie entscheidend für die Formen des gesellschaftlichen Zusammenarbeitens und damit der Gesellschaft überhaupt.

Je besser die Organisation der Gesellschaft ihren ökonomischen Bedingungen entspricht, desto unverkürzter wird sie die Summe von Glück spenden, die zu spenden sie überhaupt fähig ist. Es wäre aber thöricht, diese Summe für eine gegebene Gesellschaft im Voraus berechnen zu wollen. Der Sozialist kann sich freilich die Gesellschaft, die er anstrebt, nur vorstellen als frei von den Mißständen der kapitalistischen Gesellschaft. Welche Mißstände sie ihrerseits in ihrem Schoße birgt, davon können wir nicht einmal eine Ahnung haben. Aber welcher Art diese auch sein mögen, daß die sozialistische Gesellschaft wegen ihrer angeblichen Unvereinbarkeit mit der Natur des Menschen das größte sittliche Elend erzeugen müsse, das ist eine Annahme, die den heute bekannten Thatsachen nicht nur nicht entspricht, sondern geradezu in Widerspruch dazu steht.

Aber nicht nur moralisches, sondern auch physisches Elend soll die sozialistische Gesellschaft im Gefolge haben. Das ist der zweite Haupttrumpf, den unsere Gegner gegen uns ausspielen. Die Produktivität der Arbeit sei zu gering, als daß sie gestatten würde, mehr als einer winzigen Minorität ein Wohlleben zu verschaffen, die dafür in die Lage versetzt wird, Kunst und Wissenschaft zu fördern. Die Ausgleichung der Klassenunterschiede würde dieser Minorität das Wohlleben rauben, ohne es der Masse zu geben. Kunst und Wissenschaft müßten verschwinden, und das Ende wäre statt eines ökonomischen Fortschritts ein gewaltiger Rückschritt und Noth und Elend für Alle.

Um das zu beweisen, werden die Statistiker, die so rosen=
farbig zu sehen vermögen, wenn es sich darum handelt, zu be=
weisen, wie sehr der Wohlstand in der kapitalistischen Gesell=
schaft verbreitet ist, zu Schwarzsehern, und die Noth der Volks=
masse erscheint ihnen plötzlich in den krassesten Formen. Wir
brauchen diese statistischen Kunststücke hier nicht nachzurechnen,
denn welches immer ihre Ergebnisse sein mögen, sie beweisen
nichts. Sie gehen ja alle von der Voraussetzung aus, daß in
der sozialistischen Gesellschaft nicht mehr produzirt werde wie
in der kapitalistischen; sie würden also, wenn sie richtig wären,
nur beweisen, daß eine Ausgleichung der Klassenunterschiede —
beiläufig bemerkt, handelt es sich nur darum, und natürlich nicht
um eine Ausgleichung der individuellen Unterschiede, alle Aus=
einandersetzungen unserer Darwinisten und sonstigen gelehrten
Herren über die Unmöglichkeit dieser Art der Ausgleichung sind
also nichts als leeres Geschwätz —, daß eine Ausgleichung der
Klassenunterschiede innerhalb der heutigen Gesellschaft zur
Gleichheit des Elends führen würde.

Aber wir Sozialisten behaupten ja eben die höhere Pro=
duktivität der sozialistischen Produktionsweise. Berechnet
wurde dieselbe jedoch bisher nicht, sondern es wurden blos die
Faktoren dargelegt, die in der heutigen Gesellschaft die volle
Entfaltung der Produktivkräfte hindern und zur Verschwendung
der gegebenen Produktivkräfte führen, und dem gegenüber wurden
die Vortheile planmäßig geregelter Produktion, der Aufhebung
des entweder freiwilligen oder erzwungenen Müssigganges, der
Beseitigung parasitischer Existenzen, der allseitigen Durchführung
der vollkommensten Technik hervorgehoben. Bereits Thomas
More hat einige sehr schöne Bemerkungen darüber gemacht; von
da an finden wir ähnliche Ausführungen bei jedem bedeutenderen
Sozialisten, auch Marx hat sehr wichtige Hinweise in seinem
„Kapital" darüber veröffentlicht. Aber so große Beweiskraft
diese Ausführungen für den Theoretiker haben, das große
Publikum wird nur durch konkrete Thatsachen, durch anschau=
liche Ziffern überzeugt.

Trotzdem ist es leicht begreiflich, warum noch nicht der
rechnungsmäßige Nachweis geliefert wurde, daß die heutigen

Produktivkräfte bei planmäßiger gesellschaftlicher Anwendung hinreichenden Wohlstand für Alle zu erzeugen vermöchten. Ein derartiger Nachweis ist nur zu erbringen auf Grund eines bestimmten, detaillirten Bildes der Zukunftsgesellschaft, eines Bildes, dem nie die Wirklichkeit entsprechen wird, da es Niemand vergönnt ist, mit voller Klarheit die Zukunft zu schauen, eines Bildes, das nicht als Vorbild gelten darf, nach dem die Zukunftsgesellschaft einzurichten wäre, sondern nur als Beispiel, an dem ihre Möglichkeit erprobt wird. Es findet sich aber nicht so leicht Jemand, der für ein bloßes Beispiel die eingehenden Studien anstellt und die mühsamen Berechnungen vornimmt, die in diesem Falle nothwendig sind, soll es irgend eine Beweiskraft haben. Was bisher auf diesem Gebiete geleistet wurde, z. B. von Hertzka, ist ein ebenso lieberliches wie lächerliches Abschätzen aufs Gerathewohl hin. Die vorliegende Schrift ist unseres Wissens die erste, die ziffernmäßig den Beweis zu erbringen versucht, daß schon mit den heutigen Produktivkräften, bei liberalster Entschädigung der bisherigen Kapitalisten und auch noch ihrer Nachkommen, Wohlstand für alle Mitglieder der Gesellschaft möglich ist, wenn die Gesellschaft die planmäßige Produktion wenigstens aller nothwendigen Konsummittel in die Hand nimmt. Dieser Nachweis behält seine Beweiskraft auch dann, wenn man sich die Zukunftsgesellschaft anders vorstellt als der Verfasser, und auch, wenn man der sicheren Ueberzeugung ist, daß diese Gesellschaft ganz anders aussehen wird, als sie uns heute erscheinen kann. Welche Veränderungen immer eintreten mögen, die das Zukunftsbild hinfällig machen, das Atlanticus entworfen, sie werden sich auf zwei Arten reduziren lassen: einmal Fortschritte der Technik, welche die Produktivität noch größer machen, als er angenommen, und Fortschritte der Einsicht, die es ermöglichen, die Organisation der Gesellschaft den bestehenden ökonomischen Bedingungen noch zweckmäßiger anzupassen, als in dem Plan von Atlanticus der Fall. Dürfen wir also überzeugt sein, daß sein Zukunftsbild ungenau ist, so dürfen wir ebenso überzeugt sein, daß die Abweichungen der Wirklichkeit davon nicht zur Schwächung, sondern zur Stärkung seiner These führen werden, daß die Möglichkeit des allgemeinen

Wohlstandes in der sozialistischen Gesellschaft noch größer sein wird, als hier berechnet.

Wenn wir die vorliegende Schrift aus den eben angeführten Gründen für sehr verdienstlich halten, so ist damit, wie schon angedeutet, nicht gesagt, daß wir jede ihrer Aeußerungen unterschreiben. Unsere Anschauungen weichen von denen des Verfassers in gar manchen Punkten ab; aber eine Vorrede zu einem Buch ist nicht der richtige Ort es zu kritisiren.

Nur in einem Punkt wollen wir unsere Bedenken begründen, weil er eine gegenwärtig sehr lebhaft diskutirte Frage behandelt, die Kolonialpolitik. Atlanticus ist der Ueberzeugung, daß auch eine sozialistische Gesellschaft ohne Kolonialbesitz nicht auskommen wird, und er rechnet daher mit dieser Thatsache. Er geht von dem Grundsatz aus, daß eine sozialistische Gesellschaft im Wesentlichen ein sich selbst genügender Organismus sein muß, der alles, was er braucht, selbst erzeugt. Der moderne Kulturmensch könne aber mit den Erzeugnissen eines einzigen Landes, ja einer einzigen Zone allein seine Bedürfnisse nicht befriedigen. Ein europäisches sozialistisches Gemeinwesen könnte also nur dann seinen Mitgliedern ein kulturgemäßes Dasein gewähren, wenn es tropische Kolonien besäße und deren Bewohner in Zwangsarbeit für seine Bedürfnisse produziren ließe. Die Sozialdemokratie müsse also der Politik der Erwerbung überseeischer Besitzungen freundlich, nicht feindlich gegenüberstehen.

Diese eine Frage zeigt, wie wenig es bloße unfruchtbare Tiftelei ist, wenn man versucht, die Zukunft möglichst klar zu erfassen. Je besser dies gelingt, je weiter schauend unsere Politik ist, um so zweckmäßiger wird sie auch in der Gegenwart sein, die ja doch nichts ist, als die Vorbereitung für die Zukunft. Die Kolonialfeindschaft der deutschen Sozialdemokratie wäre sehr kurzsichtig, wenn sie auf bloßer Gegnerschaft gegen die heutige Regierung beruhte und wenn die ökonomische Entwicklung Teutschlands in späteren Generationen dadurch in nicht wieder gut zu machender Weise geschädigt würde.

Aber wir denken, daß der Widerstand gegen die Erwerbung überseeischer Besitzungen nicht nur vom Standpunkt

der Gegenwart, sondern auch von dem der Zukunft gerecht=
fertigt ist.

Kein Land bleibt ewig im Stadium der Kolonie, das heißt
im Stadium der Abhängigkeit von einem andern, räumlich von
ihm getrennten Lande höherer Kultur, von dem es beherrscht
und ausgebeutet wird. Die räumliche Trennung und die Ver=
schiedenheit der Interessen machen es unmöglich, daß die Be=
völkerung der Kolonie mit der des herrschenden Landes zu einer
Nation verschmilzt, wie das so oft bei eroberten benachbarten
Landstrichen der Fall. In dem Maße, in dem die Kolonie
kulturell sich entwickelt, muß sie immer mehr nach Selbständig=
keit, nach Losreißung vom herrschenden Lande trachten.

Wir wissen nicht, wie lange es dauern wird, bis die
europäische Gesellschaft dahin gelangt, die wesentlichsten kapi=
talistischen Züge zu verlieren und durch sozialistische zu er=
setzen. Nirgends kann man mehr irren, als bei der Schätzung
des Tempos einer bestimmten gesellschaftlichen Entwicklung, und
zwar können sich nicht nur Optimisten hierbei irren, sondern
auch Pessimisten. Aufs Prophezeien in dieser Beziehung lassen
wir uns also weder in dem einen noch in dem andern Sinne
ein. Aber gerade, je nüchterner man der kommenden Entwick=
lung gegenübersteht, je länger man ihre Dauer annimmt, umso
mehr muß man annehmen, daß die Tendenz der heutigen
europäischen Kolonialbesitzungen nach Selbständigkeit in diesem
Zeitraum zur Geltung kommt. Heute ist bereits Japan zu
einer europäischen Staaten ebenbürtigen Großmacht geworden.
Glaubt man, daß noch fünfzig Jahre lang Ostindien die Herr=
schaft Englands, China die der Europäer, welche Formen immer
sie annehmen mag, dulden wird? Die Intelligenz und die
Machtmittel der europäischen Zivilisation verbreiten sich rasch
in jenen Gegenden, und es erscheint uns sehr wohl möglich, daß,
ehe Europa noch zum Sozialismus gelangt ist, Japan, China,
Indien sich vereinigen, um die Monroedoktrin ins Asiatische zu
übersetzen und zu erklären: Asien den Asiaten.

Bleibt Afrika. Aber auch dort entwickelt sich rasch eine
der europäischen ebenbürtige Kultur. Aegypten im Norden,
das Kapland im Süden bilden die Keime zu zwei großen,

selbständigen afrikanischen Reichen. Was die Engländer heute in Afrika erobern, erobern sie für diese, nicht für sich. Wer weiß, ob nicht innerhalb des nächsten halben Jahrhunderts ein starkes, selbständiges Aegypten Deutsch=Ostafrika verschluckt, und sollten die Vereinigten Staaten von Südafrika nicht dasselbe mit Deutsch=Südwestafrika thun, so würde es höchstens deshalb unterbleiben, weil es sich herausstellte, daß diese schöne Gegend eine hoffnungslose Sandwüste ist.

Die heutigen Kolonien sind — mit dem Maßstabe der Weltgeschichte, nicht des Einzellebens gemessen — nur ein ephemerer Besitz. Die heutigen Erwerbungen solcher sind keines= wegs Erwerbungen für die sozialistische Zukunft, wir brauchen unsere Politik ihnen gegenüber nur vom Standpunkt der proletarischen Interessen der absehbaren Zukunft einzurichten.

Es ist sehr ungewiß, wie viel an Kolonialbesitz das sieg= reiche Proletariat in dem Erbe vorfinden wird, das es von der kapitalistischen Gesellschaft übernimmt; es thut gut daran, auf diesen Besitz keine seiner Hoffnungen zu bauen.

Aber sollte auch die sozialistische Umgestaltung Europas früher kommen, als die Selbständigkeit der Kolonien, so erscheint es uns doch zweifelhaft, daß das sozialistische Regime, statt den Kolonien die Selbständigkeit zu geben, ein neues Herrschafts= und Ausbeutungsverhältniß dort begründen wollte. Das von Atlanticus vorgeschlagene Kultursystem, das wohl dem holländi= schen auf Java nachgebildet ist, kann sicher viel humaner ge= handhabt werden als etwa das System der kapitalistischen Lohn= arbeit heute gehandhabt wird. Aber jede Gesellschaft hat ihre eigene Ethik, die, so tief sie auch in den ökonomischen Verhält= nissen wurzelt, sich doch oft stärker erweist, als einzelne ökono= mische Interessen. Die ethischen Anschauungen des heutigen Proletariats verwerfen jede Sklaverei, trotzdem diese unter Umständen milder sein mag, als Lohnarbeit im Dienste des Kapitals. Im großen amerikanischen Bürgerkriege gegen die Sklavenstaaten standen die englischen Arbeiter fest auf der Seite der Nordstaaten, trotzdem das Ausbleiben der Baumwollzufuhr sie in die furchtbarste Noth versetzte. Wir können uns nicht vorstellen, wie eine sozialistische Bevölkerung sich mit einer Form

ausbeuterifcher Zwangsarbeit befreunden könnte. Sollte fie in
die Angelegenheiten tiefer ftehender Raffen eingreifen, fo dürfen
wir erwarten, daß es eher gefchehen wird, um zu hindern, daß
fich irgendwelche Formen der Ausbeutung in ihrer Mitte er=
halten oder feftfetzen, nicht aber um felbft eine folche Form zu
begründen.

Nur eine dringende ökonomifche Nothwendigkeit könnte ein
Volk fo fehr in Widerfpruch zu den Grundlagen feines eigenen
Gefellfchaftslebens fetzen, wie es die Einführung der Zwangs=
arbeit für Fremde durch ein fozialiftifches Gemeinwefen wäre.
Eine folche dringende Nothwendigkeit liegt aber unferes Wiffens
nicht vor. Sie wäre nur dann gegeben, wenn die ökonomifchen
Bedingungen einer fozialiftifchen Gefellfchaft jeden Austaufch
mit dem Auslande ausfchlöffen. Das ift jedoch nicht der Fall.

Die Entwicklung des Weltverkehrs hat Kulturbedürfniffe
gefchaffen, die nur er felbft befriedigen kann. Die Befchränkung
des Konfums eines Gemeinwefens auf feine eigene Produktion
bedeutete, auch wenn man die etwaigen Kolonien hinzurechnet,
einen kulturellen Rückfchritt. Wir dürfen ficher fein, daß auch
eine fozialiftifche Gefellfchaft fich beftreben wird, die Mittel zur
Befriedigung ihrer Bedürfniffe aus aller Welt zufammenzuholen.
Der Gefchmack ihrer Mitglieder wird vielleicht auch fo fein
entwickelt fein, daß fie es vorziehen wird, ihren Thee aus China,
ihren Tabak aus Kuba, ihren Kaffee aus Java zu holen, ftatt
diefe Produkte in ungenügenden Qualitäten durch Zwangs=
arbeit in dem Stück Tropenland zu erzeugen, das ihr der Zu=
fall als Kolonie befchert hat. Export und Import werden
nicht aufhören, fie werden nur ihren Charakter gründlich ver=
ändern. Heute wird zum Verkauf, und zwar zum Verkauf mit
Profit, produzirt; das macht bei wachfender Akkumulation des
Kapitals in induftriell hochftehenden Ländern eine ftete Ausdeh=
nung des Exports nothwendig. Diefer wird zu einer Lebens=
bedingung für die ganze Gefellfchaft. Der Import bildet da=
gegen keine unumgängliche Nothwendigkeit, er ift nur eine Kon=
fequenz, und nicht immer eine erwünfchte, des fteigenden Exports;
er wird möglichft erfchwert, denn den inneren Markt möchte
die kapitaliftifche Induftrie gerne monopolifiren. Ein fozia=

liftisches Gemeinwesen produzirt dagegen nicht für den Verkauf, sondern für den Konsum der eigenen Mitglieder. Der Konsum, und nicht der Profit ist hier die Triebkraft des ganzen ökonomischen Getriebes. Das bedeutet aber dem Welthandel gegenüber, daß für jedes sozialistische Land der Import die Hauptsache wird, und der Export an zweite Stelle tritt. In einem sozialistischen Gemeinwesen wird man nur exportiren, um importiren zu können.

Der Drang nach Geld, nach Profit ist maßlos, damit aber auch der Drang nach Steigerung des Exports. Das Bedürfniß nach Vermehrung der Konsummittel findet in den natürlichen Bedürfnissen seine Grenzen. Der Import, damit aber auch der Export, werden daher in einer sozialistischen Gesellschaft gegenüber der eigenen Produktion für den Selbstgebrauch ein bescheidenes Maß nicht überschreiten.

Der Weltmarkt ist unübersichtlich, der Drang des akkumulirten Kapitals nach Ausdehnung der Produktion wechselt mit dem Maß der Akkumulation und den Aussichten auf Gewinn. Daraus folgen unter kapitalistischer Produktion unvermeidlich wirthschaftliche Krisen, die das gesellschaftliche Leben aufs tiefste erschüttern. Die Bedürfnisse einer gegebenen Gesellschaft wechseln dagegen nur unmerklich von Jahr zu Jahr, sie sind, wenn einmal statistisch erfaßt, leicht übersehbare Größen: die Bewegungen von Import und Export werden daher in einer sozialistischen Gesellschaft stetige sein. Die Krisen schwinden aus dem Welthandel, für jedes einzelne Land kommt das Ausland, soweit man es überhaupt noch braucht, nicht mehr, wie bisher, in erster Linie als Markt, sondern als Lieferant in Betracht, die Konkurrenzjagd um die Märkte verschwindet, damit aber auch die wichtigste Ursache der modernen nationalen Gegensätze.

Was sollen da noch Kolonien? Im 17. und 18. Jahrhundert waren sie werthvoll als Lieferanten. Heute betrachtet man sie, wenn auch in sehr übertriebenem Maße, werthvoll als Märkte. Einem sozialistischen Gemeinwesen wären sie als Märkte wie als Lieferanten ungenügend. Die Eröffnung des Weltmarkts ist eine der Großthaten der kapitalistischen Produktionsweise, die vom Sozialismus den neuen gesellschaftlichen Bedürfnissen angepaßt, nicht aber rückgängig gemacht werden wird.

Wir erwähnen dies, weil die Kolonialfrage heute im Vorder-grunde der praktischen Diskuffion steht. Für die Bedeutung der vorliegenden Schrift ist unser Einwand unerheblich, da sie die Zwangsarbeit in den Kolonien nicht ohne Entgelt vor sich gehen laffen will. Nach den Annahmen des Verfaffers soll sie vom sozialistischen Deutschland mit Waaren im heutigen Werthe von 450 Millionen Mark entlohnt werden. Ob man damit Zwangsarbeiter in einer Kolonie entlohnt oder um diesen Be-trag die betreffenden Waaren sich von dort liefern läßt, wo sie am besten und leichtesten gedeihen und ihre Produktionskosten am geringsten sind, macht für das rechnerische Exempel, das hier zu löfen ist, nichts aus.

Und wie mit diesem Punkte, so steht's mit den andern, in denen wir dem Verfaffer nicht folgen können. Unfere Einwen-dungen treffen nicht den wefentlichen Inhalt des Buches, den rechnerischen Nachweis, den der Verfaffer unternommen. Diefer erscheint uns sehr beachtenswerth.

Und darum wünschen wir dem Büchlein einen guten Erfolg.

Berlin, Oftern 1898.

K. Kautsky.

Einleitung.

Es handelt sich in der vorliegenden Arbeit darum, die soziale Ordnung vom Standpunkt der Zweckmäßigkeit zu behandeln, eine approximative Feststellung vorzunehmen, ob gegenwärtig die Fortschritte der Technik und Wissenschaft auf die gesammte Volkswirthschaft angewandt in Verbindung mit den natürlichen Faktoren eine bedeutende Hebung der Produktion gestatten, allgemeinen Wohlstand möglich erscheinen lassen. Das ist ja doch schließlich der ganze Kern und das Wesen der sozialen Frage: für die Masse des Volkes bessere Zustände zu schaffen, eine bedeutende Hebung der Lebenshaltung zu ermöglichen. Ist diese Forderung nicht durchführbar, scheitert sie an den natürlichen Bedingungen, an dem starken Bevölkerungszuwachs und dergleichen, dann ist eben nichts zu wollen. So sehr auch die sozialen Mißstände zunehmen mögen, so ist doch dann alle Hoffnung auf eine bessere Zukunft vergebens. Kann dagegen gezeigt werden, daß bei Verstaatlichung der Produktionsmittel, planmäßiger Organisation der Arbeit und strenger Regelung der Produktion nach dem Bedarf nicht nur allgemeiner Wohlstand eintreten, sondern auch die Arbeitszeit noch verkürzt werden kann, so ist es durchaus gleichgiltig, ob die Theorie von der Konzentration des Kapitals, Verschwinden der mittleren Bevölkerungsschichten zu Recht besteht oder nicht, ob die gegenwärtige wirthschaftliche Entwicklung mit Naturnothwendigkeit zum Sozialismus drängt oder nicht, ob überall, auch in der Landwirthschaft, der Kleinbetrieb konkurrenzunfähig ist oder nicht. Man hat sich dann nicht fatalistisch auf den Fetisch von wirthschaftlicher Entwicklung zu verlassen, sondern umfassende Untersuchungen vorzunehmen und mit aller Vorsicht und Sorgfalt die Vorbereitungen für eine Umwandlung der privaten in staatliche respektive „gesellschaftliche" Produktion zu treffen.

Indem ich hier auf ein näheres Eingehen auf die sozialistische Theorie, namentlich den Marxismus, verzichte, hoffe ich, daß diejenigen Nationalökonomen, welche auch an die höhere Zweckmäßigkeit der sozialistischen Ordnung für das allgemeine Wohl nicht glauben, z. B. Professor Herkner (cf. Die Arbeiterfrage, 2. Auflage, S. 314), nunmehr sich gemüßigt sehen werden, wirkliche Gegenbeweise zu bringen und sich nicht mit einer vornehmen, nichtssagenden Abweisung genügen lassen werden.

Die sozialdemokratische Partei hat freilich bisher stets die Ausmalung des Zukunftsstaates verpönt mit dem Hinweis, daß das Utopisterei sei, deren sich allerdings frühere Weltverbesserer schuldig gemacht hätten, der heutige Sozialismus stehe auf wirthschaftlichem Boden und bedürfe Derartiges nicht. Man begnügt sich in der Hauptsache kritisch zu verfahren und stellt für die Zukunft nur sehr allgemeine Forderungen auf.

Diese Anschauung hat ihre Wurzel im ökonomischen Liberalismus, dem laisser passer, dessen Konsequenzen der Marxismus gezogen hat. Thatsächlich muß ja nun zugestanden werden, daß wenn die Entwicklung der gesellschaftlichen Zustände mit Naturnothwendigkeit vor sich geht, es streng theoretisch allerdings kaum einen Zweck hat, näher auf Dinge einzugehen, die man doch nicht genau wissen kann. Es ist richtig, daß gewiß kein Mensch im Stande ist, zu sagen, wie es bereits in fünfzig oder hundert Jahren aussehen wird, dazu wäre es nothwendig, die Fortschritte, die die Technik und Wissenschaft unterdessen gemacht haben wird, zu kennen; sofern man das von der Sozialdemokratie verlangt, hat sie zweifellos Recht, den Frager kurz abzuweisen. Allein annäherungsweise sagen, was mit den heutigen Mitteln der Wissenschaft und Technik, unter den heute gegebenen natürlichen Bedingungen in einem sozialen Gemeinwesen geleistet werden könnte, das ist praktisch von der höchsten Bedeutung, das muß der Sozialismus können. „Eine unwissenschaftliche Utopie“, sagt sehr richtig Anton Menger, „ist nur dann vorhanden, wenn man bei der Entwerfung des künftigen sozialen Systems von der Ansicht ausgeht, daß die Menschen nach Einführung der neuen sozialen Ordnung von wesentlich anderen Triebfedern geleitet, oder daß eine andere Verkettung von Ursache und Wirkung stattfinden wird als in unseren gegenwärtigen Zuständen. . . . Ich halte eine solche Darstellung eines vollkommenen Gesellschaftszustandes nicht nur für durchaus wissenschaftlich, sondern geradezu für unerläßlich, wenn die sozialistische Bewegung ihre Ziele auch nur zum Theil erreichen soll.“[1]

Es ist meines Erachtens thatsächlich hohe Zeit, daß diese die Sozialdemokratie heute noch beherrschende Anschauung von dem Nichtwissenkönnen, wie es im Sozialstaate aussehen könnte, über Bord geworfen wird, zu viel Schaden hat sie bereits angerichtet.

---

[1] A. Menger, Das Recht auf den vollen Arbeitsertrag, Stuttgart 1886, S. 106.

Soll die Sozialdemokratie in Zukunft ihre Kraft aus der Macht der Verhältnisse und nicht blos aus den Fehlern der Gegner schöpfen, sollen die Massen von Kleinbauern und Kleinbürgern gewonnen werden, so muß auch etwas Näheres über den Sozialstaat festgestellt werden können. Es ist ein verderblicher Optimismus, wenn man glaubt, daß die soziale Ordnung auf dem aufgebaut werden könnte, was man am kritischen Tage vorfindet. Wie nun, wenn in Folge Abneigung, „unwissenschaftlicher" Neugier des Bauern, vorher etwas zu erfahren, dieser kritische Tag gar nicht eintritt, oder wenn der Tag zwar eintritt, jedoch kein Rath geschafft werden kann?

Wenn ich mit dieser Arbeit an die Oeffentlichkeit trete, so glaube ich durchaus nicht den Stein der Weisen gefunden, oder die soziale Frage wieder einmal zum xten Male gründlich gelöst zu haben. Die vorliegenden Berechnungen können weder auf Vollständigkeit, noch auf absolute Exaktheit Anspruch machen. Bei dem ungeheuren Umfang des zu bewältigenden Stoffes ist das überhaupt nicht Sache eines Einzelnen. Sie bedeuten aber doch, wie sich der aufmerksame, sachkundige Leser leicht überzeugen wird, einen wesentlichen Fortschritt dem bisher in dieser Richtung Geleisteten gegenüber und bieten in ihrer Gesammtheit ein approximatives Bild davon, was in einem Sozialstaat bei zentralistischer Organisation und unter Voraussetzung gleichbleibender Intensität der Arbeit erreicht werden kann.

Sache der weiteren Forschung ist es, durch Einzeluntersuchungen, in vielen Fällen allerdings erst durch Experimente festzustellen, wie sich die Dinge in Wirklichkeit genauer zutragen können, damit mit der Zeit an Stelle eines approximativen Bildes ein wirklicher fester Voranschlag, gleichsam ein Betriebs- und Budgetvoranschlag des Sozialstaates treten kann. Ein solcher Voranschlag braucht ja auch nicht bis auf ein Hundertstel zu stimmen, sondern es können sehr gut Schwankungen von 10 bis 20 Prozent in der Leistung und im Arbeitsbedarf zugestanden werden. Stimmt doch auch heute nie ein Budgetvoranschlag in einem Staate oder ein Betriebsvoranschlag in einer Fabrik ꝛc. genau mit den Ergebnissen, ohne daß die Welt darüber aus den Fugen geht. Es werden einfach in späteren Jahren die Abweichungen mit in die Rechnung gezogen, die Voranschläge umgeformt.

Soll die Durchführung des Sozialismus auf friedlichem Wege und in nächster Zukunft erfolgen, so ist es nothwendig, zunächst einen Popanz gründlich zu beseitigen, der heute auch den friedlichsten Bürger, der etwas zu eigen nennt, zum enragirten Gegner der Sozialdemokratie macht — die Expropriation der Besitzenden ohne Entschädigung. Selbst eine zinslose Ablösung (Kautsky,

Schäffle),[2] resp. eine Ablösung mit hoher Amortisationsquote (Flürscheim) wäre, so korrekt sie theoretisch sein mag, praktisch durchaus unopportun und würde auf den heftigsten Widerstand stoßen. Es ist meines Erachtens nothwendig, daß der Voranschlag so gemacht wird, daß die Verstaatlichung der Produktionsmittel unter recht liberalen Bedingungen für die Besitzenden geschieht, etwa das nachweisbare bisherige Einkommen (dem Realwerthe nach) in Form von ewiger Rente weiter gezahlt wird, allenfalls mit einer ganz geringen Amortisationsquote (etwa $1/10$ Prozent jährlich) oder einer unbedeutenden Erbschaftssteuer. Es könnte denjenigen, die ein natürliches Monopol, also vor Allem Grund und Boden besitzen, sogar 20 bis 25 Prozent über dem nachweisbaren mittleren Reinertrag bewilligt werden. Ein weiteres Steigen der Rente in Zukunft wäre allerdings nicht zuzulassen, da sonst der ganze Vortheil des Sozialstaates zum Theil in Brüche gehen könnte. Ein Vorschlag, wie der von Fourier, daß für die Arbeit eine feste Quote, $5/12$ des Gesammteinkommens festgesetzt würde, oder von Robbertus, der ihr gar nur $5/10$ zugestanden wissen wollte (in der Schrift „Der Normalarbeitstag"), ist durchaus ungenügend — dieselbe (die physische Arbeit) muß mindestens $2/3$ bis $3/4$ des Nationaleinkommens erhalten, das Uebrige kann für Entlohnung der geistigen Arbeit und als Rente verbleiben. Eine Befriedigung Aller ist ja allerdings erst möglich, wenn die heutige Produktion dem reellen Werthe nach mindestens verdoppelt werden könnte. Erhält z. B. heute das Kapital und die Intelligenz das halbe Nationaleinkommen, so würde bei Verdoppelung der Produktion das Einkommen derselben um $1/3$ bis $1/2$ erhöht werden können und die physische Arbeit könnte $2^{1}/_{2}$ bis $2^{2}/_{3}$ des bisherigen Einkommens beziehen. Die Frage ist blos, ob eine solche Verdoppelung des Nationaleinkommens möglich ist.

Nun die Frage, was hätte der Staat eigentlich herzustellen? Es giebt Sozialisten, welche dem Gemeinwesen die Aufgabe zuweisen, Alles und Jedes zu leisten, sogar jede Haushaltsarbeit, Essenbereiten, Wäschewaschen, Zimmerreinigung, Kindererziehung vorzunehmen. Wenn diese letzteren Arbeiten alle vom Staate ausgeführt werden sollten, dann freilich hätte derselbe eine solche Masse von Arbeitenden einzustellen, daß kaum noch freie Zeit übrig bliebe und die Behauptung, die sozialistische Ordnung würde eine Zuchthausordnung sein müssen, nicht ganz zu Unrecht bestehen würde. Wir werden die Aufgabe des Staates viel enger umgrenzen: Der Staat

---

[2] Marx selbst hat, wie Engels angiebt (Neue Zeit 1894/95, S. 305) die Ansicht ausgesprochen, man könnte den Großgrundbesitz auslaufen, unter welchen Bedingungen, ist nicht gesagt.

hat für die Herstellung der gewöhnlichen Kleidungs= und Nahrungs=
stoffe, sowie der Baumaterialien, der staatlichen Gebäude und Kom=
munikationsmittel zu sorgen. Die Produktion von Luxusgegen=
ständen, Möbeln, das Bauen von Wohnhäusern, die Besorgung
von Gärten, des Haushalts, Herausgeben von Büchern und Zeit=
schriften kann er getrost der Privatinitiative überlassen. Ebenso
wenig darf er die Kinder der Familie nehmen, sondern braucht
blos für hinreichende Schulbildung zu sorgen. Ein Jeder, der arbeiten
will, muß in den Stand gesetzt werden, Beschäftigung vom Staate
zu erhalten. Die Arbeiter könnten nach Ableistung eines bestimmten
Arbeitspensums, resp. einer bestimmten Anzahl von Normalarbeits=
jahren und Tagen, welche für jeden Beruf durch sorgfältige Unter=
suchungen festgestellt werden müssen, für die übrige Lebenszeit vom
Staate eine lebenslängliche Pension beziehen, welche gerade für
genügende Nahrung und Kleidung ausreicht. Es soll versucht
werden, nachzuweisen, daß es dazu für den Mann blos einer 9= bis
10jährigen, für die Frau einer 6= bis 8jährigen Normalarbeitszeit
bedarf. Diese Arbeitszeit würde zugleich ausreichen, um die intelli=
genten Kräfte zu entschädigen und die Rente für die ehemaligen
Besitzer der Produktionsmittel aufzubringen. Für die Knaben hätte
bis zum 17. bis 18., für die Mädchen bis zum 15. bis 16. Lebens=
jahre allgemeine Schulpflicht zu gelten. Leisten sie darauf ununter=
brochen ihre Arbeitszeit ab, so könnte der Mann mit 26 bis 28,
die Frau mit 21 bis 24 Jahren ihre Pensionsberechtigung erwerben
und für das ganze Leben der Nahrungssorgen ledig sein, an die
Schaffung eines gemüthlichen Heimwesens gehen, für Luxusbedürf=
nisse sorgen ɔc. Einem jeden Ehepaar müßte nach Ableistung des
Arbeitspensums auf Verlangen vom Staate ein Grundstück von
etwa ¼ ha (= 1 preußischer Morgen) zu erb und eigen eingeräumt
werden, um darauf eventuell Haus nebst Garten anzulegen. Zu
diesem Zwecke müßten gewisse Gebiete zu „Villenkolonien" bestimmt
werden, z. B. die gesammte Meeresküste in einer Breite von mehreren
Kilometern, Hügelhänge an Flüssen und Seen ɔc. Das nöthige
Baumaterial könnte gegen eine bestimmte weitere Ableistung von
Normalarbeitstagen vom Staate geliefert werden. Für die Bau=
arbeiten selbst und zur Herstellung von Möbeln könnten sich Ge=
nossenschaften bilden, die ihre Arbeit gewissermaßen austauschen,
es kann ja gewiß nicht Jeder gleichzeitig Maurer und Zimmer=
mann, Tischler und Schmied sein. Damit wäre dann einem der
letzten Einwürfe der Angstphilister begegnet, daß ja im Sozialstaate
Alles reglementirt, die Menschen in öden Kasernen untergebracht,
für ein gemüthliches Familienwesen, ein trauliches eigenes Heim
und private Initiative kein Spielraum gelassen würde. Wohn=
häuser, Möbel, Gärten, Parks ɔc. zu verstaatlichen, wäre ganz

widersinnig — in den Städten werden allerdings die Miethskasernen auf Antrag der Besitzer vom Staate zu übernehmen sein, da diese (die Besitzer) sonst durch Sinken der Miethpreise Verluste erleiden könnten. Für die Faulen und Säumigen, die nicht arbeiten wollen, braucht der Staat selbstredend nicht aufzukommen.

Was die Verstaatlichung von Grund und Boden anlangt, so ist hervorzuheben, daß die Parzellenbesitzungen gar nicht verstaat= licht zu werden brauchen, sondern ihren Besitzern als Gartengrund= stücke verbleiben können. Werden z. B. alle Parzellenbesitzungen unter 2 ha ihren Inhabern belassen, resp. nur auf deren Wunsch vom Staate übernommen, so sind bereits damit 3 Millionen von den 5¼ Millionen „antikollektivistischer" Bauernschädel in Teutsch= land für den Sozialismus gewonnen, deren Besitz ja doch nur 1¹/₂ Millionen ha. Kann man nun weiter dem größeren Land= besitzer sagen: Du behältst Haus und Garten resp. Park, allenfalls noch etwas Wiese, um eine Kuh oder ein Pferd halten zu können, und für dein Land zahlt dir der Staat eine Entschädigung in ewiger Rente, deren Betrag den mittleren Reinertrag um ein Viertel überschreitet, so ist schwerlich anzunehmen, daß sich bei den Land= inhabern ein besonders heftiger Widerstand finden wird. Ein großer Theil der Landbesitzer sind ja zudem stark verschuldet, in Preußen allein beträgt die Verschuldung ca. 11¹/₂ Milliarden resp. 40 bis 50 Prozent des Werthes von Grund und Boden. Gerade der ver= schuldete Besitzer hätte noch einen bedeutenden Vortheil bei der Verstaatlichung. Der Staat übernimmt z. B. die Hypothek im Betrage von 50 Prozent des Gutswerthes, und für die anderen 50 Prozent zahlt er dem Besitzer 75 Prozent resp. den anderthalb= fachen Reinertrag. Man wird nun vielleicht einwenden, daß für den Kleinbauern ja der Grundbesitz nicht blos deshalb von Werth ist, weil er ihm eine gewisse Rente garantirt, sondern vor Allem, weil er ihm die Verwerthung seiner Arbeitskraft gewährleistet. Diese Arbeitskraft wird der Kleinbauer künftig in lohnenderer Weise in den staatlichen Betrieben anwenden können, und was die Großbauern, Gutsinspektoren, zum Theil auch die Gutsbesitzer 2c. anlangt, die gegenwärtig als Verwaltungsapparat fungiren, so werden die meisten derselben auch künftig für den gleichen Zweck Verwendung finden, nur mit dem Unterschiede, daß die Remune= ration wird erhöht werden können.

Was die in der letzteren Zeit auch in sozialistischen Kreisen oft hervorgehobene Konkurrenzfähigkeit des landwirthschaftlichen Kleinbetriebes dem Großbetriebe gegenüber betrifft, so ist nicht recht zu ersehen, was diese Konkurrenzfähigkeit dem Parzellenbesitzer, der doch von seiner Scholle nicht leben kann, nützen soll. Eine Aenderung des Agrarprogramms, resp. eine Verzichtleistung auf die Verstaatlichung von Grund und Boden hätte nur dann Sinn, wenn es gleichzeitig gelingt, den Grundbesitz gleichmäßiger zu vertheilen, d. h. den 8 Millionen Parzellenbesitzern zu einem für die Ernährung einer Familie völlig ausreichenden Grundbesitz zu verhelfen. Das könnte aber ohne völlige Enteignung des Großgrundbesitzes und theilweise Enteignung des Großbauernbesitzes doch nicht abgehen und wäre somit genau ebenso schwierig durchzuführen, wie eine Verstaatlichung der letzteren in Bausch und Bogen. Zu einer Hebung des Volkswohlstandes ist es aber unbedingt nöthig, daß die Ernteerträge bedeutend gesteigert, mindestens verdoppelt werden, was nach dem heutigen Stande der Landwirthschaft in Deutschland noch sehr wohl möglich ist. Ist es nun denkbar, daß 5 Millionen Kleinbesitzer, denen es meist an Kapital und Intelligenz mangelt, unter denen sich auch viele lässige, träge Leute befinden werden, so bald zu einer Hebung der Erträge gelangen, wie dies z. B. in 100 000 von wissenschaftlich ausgebildeten Landwirthen planmäßig geleiteten, mit allen möglichen technischen Verbesserungen versehenen staatlichen Großbetrieben der Fall sein kann? Vor allen Dingen muß ja außerdem auch eine bedeutende Hebung der Kaufkraft der städtischen Bevölkerung eintreten, wenn es für den heutigen Landwirth rentabel sein sollte, seine Wirthschaft auf die höchste Stufe der Vollendung zu erheben. Eine Hebung der Lebenshaltung erfolgt aber unter den heutigen Verhältnissen ungemein langsam und die höchste Stufe ist überhaupt nicht zu erreichen, aus dem Grunde, weil, solange die heutige Staatsordnung besteht, auch nothwendigerweise ein starkes Anwachsen des privaten Kapitals stattfinden wird, das der Arbeit immer einen großen Theil des Ertrages vorwegnehmen wird. Der fortwährenden Neubildung von verzinslichem Privatkapital müßte erst ein Riegel vorgeschoben werden, wenn höchstmöglicher Wohlstand Aller eintreten soll, und das ist nur möglich im Sozialstaat. Die heutigen Besitzer brauchen deshalb durchaus nicht benachtheiligt zu werden, sondern können, wie bereits ausgeführt, zum Theil noch über ihren heutigen Reinertrag weiter beziehen — das Wichtige ist, daß im Sozialstaate bei einer eventuellen Verdoppelung der Bevölkerung und dementsprechenden Zunahme des Nationaleinkommens die Kapitalzinsquote relativ um die Hälfte verringert, damit die Arbeitsquote gesteigert werden würde rc. Daß die Großunternehmer und Gründer, die heute den größten Theil ihres Einkommens kapitalisiren, mit einer noch so liberalen Ablösung unzufrieden wären, weil sie dann nicht mehr die Möglichkeit hätten, immer mehr vom Volksvermögen an sich zu raffen, sondern ihre Renten verzehren resp. zinslos aufhäufen müßten, ist ebenso klar wie das, daß es für den kleinen und mittleren Rentier, der sein Einkommen großentheils verzehrt, vor-

theilhaft fein muß, wenn er vor künftiger Herabfetzung des Zins=
fußes geschützt ift. Eine Neubildung von verzinslichem Privat=
kapital muß allerdings auch im Sozialftaat für einen Zweck zugelaffen
werden: zur Belohnung wichtiger Erfindungen, für hervorragende
staatsmännifche und wiffenfchaftliche Leiftungen. Allein dazu brauchte
man doch nur eine verhältnißmäßig ganz kleine Quote, für Deutfch=
land vielleicht höchftens 50 bis 100 Millionen jährlich feftzufetzen,
um alle Erfinder 2c. reichlich, ja „fürftlich“ zu belohnen, während
heute die jährliche Neubildung von Privatkapital mindeftens das
Zwanzigfache beträgt. Diefe Neubildungsquote von 50 bis 100 Mil=
lionen könnte indeffen großentheils durch eine ftärkere Erbfchafts=
fteuer bei indirekter Vererbung, die dann in Prozenten der Rente zu
erheben wäre, ausgeglichen werden.

Von den anderen Forderungen der Sozialdemokratie ift nur
eine von Wichtigkeit: Die Hebung der Volksbildung. Der Schul=
unterricht ift etwa bis zum 17. bis 18. Jahre für die Knaben,
15. bis 16. für die Mädchen auszudehnen, alsdann könnten die=
felben entweder in das allgemeine, phyfifch arbeitende Arbeiter=
heer aufgenommen werden, refp. auch fich einer ftrengen Konkurrenz=
prüfung unterziehen, in der die Fähigften und Begabteften zur
Vorbereitung für die höheren Berufe der Techniker, Lehrer, Wirth=
fchaftsleiter, Aerzte, Gelehrten 2c. ausgefondert würden. Diefe
müßten dann auf Staatskoften weiter unterhalten werden und ihnen
die normale Studienzeit als entfprechende Arbeitszeit angerechnet
werden. Beendigt dann ein Theil von ihnen das Studium nicht,
fo müßten fie allerdings, um eine ftaatliche Penfion zu erhalten,
die Normalarbeitszeit im gewöhnlichen Arbeiterheer zu Ende bringen.
Allerdings dürfen ja auch diejenigen, die fich nicht der Konkurrenz=
prüfung für ftaatliche Stipendien unterzogen haben, vom Studium
nicht ausgefchloffen werden. Es ift dabei hauptfächlich zu denken
an die Söhne und Töchter der heutigen Wohlhabenden, fowie an
einen Theil derjenigen Arbeiter, die nach Ableiftung ihrer Arbeits=
zeit den Drang zur Fortbildung empfinden. Die Befähigung für
den Eintritt in den Staatsdienft müßten freilich alle gleichmäßig
in einer zweiten Konkurrenzprüfung nach abfolvirtem Studium er=
werben. Haben nun diejenigen Autoren recht, welche behaupten, daß
auch heutzutage keine befonders hervorragenden Intelligenzen durch
den Druck der gefellfchaftlichen Verhältniffe niedergehalten werden,
fondern im Allgemeinen die Fähigkeiten dem Erfolge entfprechen,
dem Amte der Verftand, nun fo dürfen fie es nicht von fich weifen,
wenn die Probe auf das Exempel gefordert wird — wenn Allen
die Möglichkeit höherer Ausbildung gewährleiftet wird. Es ift ja
dann keine Gefahr vorhanden, daß ihre lieben Angehörigen, refp.
die Kinder der heutigen Intelligenz, bei mangelnder Rente in die

gewöhnliche Arbeiterklasse (die überdies in Zukunft im Sozialstaat intellektuell und materiell viel höher stehen wird) zurücktreten.

Was die religiöse Frage und die oft gehörte Anschauung von der freien Liebe betrifft, so ist streng hervorzuheben, daß die Meinungen darüber nichts mit der sozialen Frage an sich zu thun haben. Letztere ist vielmehr lediglich die wirthschaftliche Frage und man wird gut daran thun, alle Kräfte zu ihrer Lösung einzusetzen und eine even= tuelle Neuordnung der religiösen Frage und der Familienverhält= nisse den künftigen Geschlechtern zu überlassen, wenn sie es über= haupt für nothwendig halten. Die gegenwärtige Feindseligkeit vieler Sozialisten gegen die Kirche ist ja sehr erklärlich aus dem Grunde, weil die Vertreter der Kirche gegen die Sozialdemokratie Stellung nehmen. Sie müssen das thun, weil sie vom Staate, resp. der herrschenden Gesellschaft abhängig sind. Es ist jedoch meines Erachtens ein schwerer Fehler, wenn die Sozialdemokraten die Kirche vom Staate trennen wollen. Es hieße das nach einem eventuellen Siege die mächtigste Waffe aus der Hand geben, welche dazu dienen könnte, die noch widerstrebenden Kreise der Gläubigen dem Sozialis= mus zu gewinnen. Gerade das Christenthum ist eminent sozialistisch, ja kommunistisch, und bei Beibehaltung der staatlichen Abhängigkeit würden die Vertreter der Kirche bald mit viel mehr innerer Ueber= zeugung und Wärme für die neue Ordnung und Obrigkeit, die ja dann eben auch als von Gott verordnet erscheinen wird, eintreten, als sie es heute für die jetzige thun. Diese oder jene Art von Glauben haben zudem stets die Mehrzahl der Menschen, ist es nicht ein mystischer Wunderglaube, so ist es ein materialistischer. Für den Staat ist es da von Wichtigkeit, in die bestehenden reli= giösen Beziehungen so wenig als möglich einzugreifen, sondern bloße Toleranz zu üben und für Verbreitung der Volksbildung zu sorgen.

Was das Familienleben anlangt, so sind die meisten Menschen durchaus nicht solche Rabenväter oder Rabenmütter, daß sie sich freiwillig baldmöglichst ihrer Kinder entledigen, resp. die Sorge für deren Erziehung werden dem Staat überantworten wollen. Somit läßt sich auch nicht einsehen, weshalb die heutigen Bestim= mungen über die Ehe geändert werden sollen. Soll die Prostitution zurückgedrängt werden (von einer gänzlichen Ausrottung in der näheren Zukunft kann wohl keine Rede sein), so darf ihr nicht in der „freien Liebe" ein Korrelat geschaffen werden, sei es auch nur in der Form der freien Ehe — letztere würde noch mehr „gebrochene Herzen" zeitigen und den Donjuanismus, resp. Messalinismus ver= breiten helfen, als es unter den heutigen Zuständen der Fall ist.

Irrelevant ist auch in der Verfassungsfrage, ob der Sozial= staat Monarchie oder Republik sein soll — oder vielmehr ist es von Wichtigkeit zu betonen, daß die Monarchie sehr gut erhalten werden kann, sofern sie die vom Volke geforderten Maßnahmen durchzuführen bereit ist und das Volkswohl als oberstes Gesetz ansieht.

Daß die Verbrechen im Sozialstaate verschwinden werden, wäre natürlich ganz utopisch gedacht. Zweifellos aber werden sie sich ganz bedeutend verringern, wenn die Haupturfachen derselben, Noth, Elend, Unbildung, resp. verwahrloste Kindererziehung beseitigt werden. Vor Allem werden die Rückfälle abnehmen, wenn der Staat den entlassenen Sträflingen die Möglichkeit zu ehrlicher Arbeit verschafft. . . .

Die Landwirthſchaft.

a. Die Steigerung der Produktion.

Es könnte nun ſo Mancher fragen: Iſt denn überhaupt noch ein Nachweis über die Vortheile des Sozialſtaates nothwendig, ſind nicht die Vorzüge des Großbetriebes ganz augenſcheinlich — iſt endlich nicht ſchon vorlängſt erwieſen, daß bei Durchführung der ſozialiſtiſchen Forderungen eine ganz gewaltige Abkürzung der Arbeitszeit eintreten würde und dabei Alle leben könnten, wie die Reichen unſerer Tage? Leider iſt durchaus nichts Befriedigendes mit Sicherheit nachgewieſen, nach wie vor begegnen wir den entgegengeſetzteſten Behauptungen in Betreff der Verkürzung der Arbeitszeit und Hebung des Volkswohlſtandes. Es iſt pſychologiſch intereſſant, daß in der neueſten Zeit Viele ſelbſt unter den Sozialdemokraten an der baldigen Durchführbarkeit der Verſtaatlichung der Produktionsmittel zu verzweifeln ſcheinen und ſich mit bloßen ſozialreformeriſchen Maßregeln, die doch nur vorübergehend Erleichterung ſchaffen können, begnügen wollen. Demgegenüber muß die Nothwendigkeit genauerer Unterſuchungen doppelt betont werden. Es iſt doch eigenthümlich, daß während Godwin bereits eine halbſtündige Arbeitszeit für genügend hält,[3] Hertzka[4] und nach ihm Bebel[5] nur eine Reduktion auf 1½ bis 2, Krapotkin[6] gar nur auf 5 Stunden vornehmen, Fourier von ſeinen Phalangen eine Verzwanzigfachung der Genüſſe erwartet,[7] andererſeits Hermann Loſch, neben Krapotkin der einzige, der wirkliche Berechnungen vorführt, blos eine Reduktion der Arbeitszeit von 12 auf 9,8 Stunden bei

---

[3] William Godwin, Enquiry concerning Political Justice, 2. Ausgabe, London 1796, Band II, S. 477 ff.

[4] Hertzka, Geſetze der ſozialen Entwicklung, Leipzig 1886, S. 60.

[5] Bebel, Die Frau und der Sozialismus, 25. Auflage, S. 348.

[6] Kropotkine, La conquête du pain, Paris 1892, S. 274.

[7] Fourier, Nouveau monde, 1829, Theil II, S. 72 ff.

weitgehendster Vervollkommnung der Technik nach dem heutigen
Wissensstande für möglich erklärt.[8] Julius Wolf versteigt sich gar
zur Behauptung, die Arbeitssklaven von heute, scil. die Maschinen,
auf welche sich die Sozialisten und Utopisten so viel zu Gute thäten,
stehen blos auf den verlorenen Posten,[9] die Steigerung der Erträge
durch Anwendung von Maschinen habe sich fast blos auf die Industrie erstreckt, während doch der Arbeiter 60 bis 65 Prozent seiner
Einnahmen für landwirthschaftliche Produkte verbrauche und da
habe seit 2000 Jahren fast kein Fortschritt stattgefunden,[10] alles Elend
stamme aus der Uebervölkerung.

Nach Beweisen und wirklichen Berechnungen suchen wir freilich
bei den älteren Sozialisten und Utopisten vergebens. Die Ausmalung der Zustände im Zukunftsreich bei Fourier, Cabet u. A.
ist ein ganz hübsches Phantasiestück, aber auch nichts weiter. Die
Versprechung von Fourier, daß die Theilnehmer seiner Phalangen
besser würden leben können, als Pariser Bürger, die 30 000 Francs
Rente jährlich verzehren, ein Jeder sich Pferde, Wagen und Hunde
werde halten können, streift schon weit über das Menschenmögliche,
gar nicht zu reden von seinen Limonadenmeeren, Aenderung der
Natur ꝛc. Von den Neueren bietet uns namentlich Hertzka ganz
hübsche Zukunftsmärchen. So bringen in seinem Wolkenkuckucks-
heim, genannt Freiland, zwei Jahresernten auf 9 Millionen ha
Land 2100 Millionen Zentner Getreide hervor im Werthe von
600 Millionen £.[11] Was für Waisenknaben gegen Hertzkas Freiländer
sind da doch die heutigen Nordamerikaner, die es auf ca. 60 Millionen
ha kaum zu 1200 Millionen Zentner Getreide bringen. Die
produzirten Getreidemassen werden aus Freiland fast sämmtlich
ausgeführt — vermuthlich nach einem anderen getreidebedürftigen
Planeten, da ja ganz Westeuropa heute kaum über 400 Millionen
Zentner einführt. Gearbeitet wird in Freiland nur 5 Stunden
täglich, dabei bringen aber die 7½ Millionen Produzenten Waaren
im Werthe von 7 Milliarden (!) £ hervor, so daß für jeden nach
Abzug der Staatsabgaben, die 2½ Milliarden betragen, noch 600 £
übrig bleiben, eine Stunde Arbeitszeit bringt also 8 Mk. ein. Die
Preise in Freiland sind kaum halb so hoch wie im heutigen Deutsch-
land, 1 Zentner Weizen kostet 6 sh., 1 kg Rindfleisch ⅛ sh., 1 hl
Lagerbier 12 sh., ein ganz wollener Anzug 30 sh.[12] Natürlich sind

[8] H. Losch, Nationale Produktion, Leipzig 1892, S. 267.
[9] J. Wolf, Sozialismus und kapitalistische Gesellschaftsordnung,
Stuttgart 1892, S. 342.
[10] ibid., S. 336 und 346.
[11] Hertzka, Freiland, Leipzig 1890, S. 264.
[12] ibid., S. 265.

die Maschinen von Freiland zwanzigmal stärker als die der ganzen übrigen Welt, sie enthalten 245 Millionen Pferdestärken und verbrauchen ca. 1200 Millionen Tons Kohlen, also blos das Dreifache der jetzigen Kohlenproduktion der Erde. Wo diese herkommen werden, verräth uns Hertzka natürlich nicht — daß nennenswerthe Kohlenlager gar nicht in Zentralafrika vorhanden sind, genirt ihn wenig. In einem neueren Zukunftsmärchen „Entrückt in die Zukunft" (Berlin 1895, S. 208) braucht ein Arbeiter jährlich blos 1000 Stunden zu arbeiten, erhält aber dafür auch nur 500 £, für welche man indessen das Fünffache werde kaufen können von dem, was man jetzt für diese Summe erhält. Als Märchen kann man die Darstellungen von Hertzka ganz interessant finden, als Unfug muß es dagegen bezeichnet werden, wenn er dieselben das Ergebniß nüchternen Nachdenkens, gründlicher wissenschaftlicher Forschungen nennt.[13] Ein solcher wissenschaftlicher Unfug sind auch die Ausführungen über den Arbeitsbedarf in seinem früheren Werke „Die Gesetze der sozialen Entwicklung". Mittels welcher Manipulationen er herausgefunden hat, daß für 1 ha Ackerland bei Anwendung von Dampfpflügen, Sä-, Ernte- und Dreschmaschinen 5 Arbeitstage genügen (l. c., S. 58 ff.), verräth er uns nicht. Daß die landwirthschaftlichen Arbeiten an allen ca. 300 Arbeitstagen des Jahres, also auch im Winter ausgeführt werden, ist bei Hertzka selbstverständlich. Wie ein Haus von 150 qm Grundfläche in 150 Tagen hergestellt wird, ist auch Hertzkas Geheimniß. Die Grundlagen seiner übrigen „Berechnungen", als deren Ergebniß er die kurze Arbeitszeit von 2 Stunden statuirt, theilt er dem dummen Laienpublikum überhaupt gar nicht mit. Daß für die Viehwartung, die kaum weniger Arbeit beansprucht, als der Feldbau, gar keine Arbeiter angesetzt sind, passirt so nebenbei. Wir hätten Hertzka gar nicht erwähnt, wenn er sich selbst nicht ernst genommen wissen wollte, und wenn er nicht thatsächlich von Vielen, so auch von Bebel, nicht ernst genommen wäre.

Viel gründlicher sind die Berechnungen über den Arbeitsbedarf bei Krapotkin, was man auch sonst von seinen anarchistischen Anschauungen halten mag. Doch leidet auch er mitunter an starker Uebertreibung und hat manche Ansätze ganz vergessen. Daß er z. B. für ein komfortables Häuschen 1400 bis 1500 halbe Arbeitstage à 5 Stunden rechnet,[14] dürfte recht gut stimmen, ebenso, daß 175 000 Baumwollearbeiter jährlich 1939 Millionen Yards Zeuge hervorbringen, und somit für eine Familie 10 halbe Arbeitstage genügten, um sie mit hinreichender Kleidung (ca. 200 Yards) zu

---

[13] Freiland, S. 675.
[14] A. a. O., S. 125.

verfehen.[15] Die heutigen Kulturmenschen werden aber schwerlich mit ausschließlicher Baumwolletleidung zufrieden sein, auch hat Krapotkin nicht berücksichtigt, daß für die Herstellung der Baumwolle in der Landwirthschaft doch auch Arbeit nöthig ist.

Gewaltig übertrieben ist es, wenn er behauptet, daß die 3,6 Millionen Menschen, die heute die Departements Seine und Seine et Oise von zusammen 610 000 ha Fläche bewohnen, daselbst genügend Lebensbedürfnisse erzeugen könnten, wenn die übrige Welt ihnen nichts mehr geben wollte. 200 000 ha jährlich mit Brotgetreide bestellt, könnten je 40 hl, zusammen 8 Millionen hl bringen, was zum Unterhalte genügend sei.[16] Ganz richtig! Aber auch nur für Brot. Thatsächlich trägt jedoch kaum über die Hälfte der gegenwärtig mit Getreide bestellten Fläche eigentliches Brotgetreide, und Ernten von 40 hl pro ha = ca. 3000 kg sind ohne Zufuhr von Kunstdünger sicher nicht möglich. Weiter berechnet Krapotkin, daß bei einem Wiesenertrage, wie er stellenweise z. B. bei Mailand erzielt werde, wo 45 Tons Heu pro ha geerntet werden, 9 Kühe oder Ochsen pro ha ernährt werden könnten, selbst auf den Kanalinseln kommen 4½ Stück auf den ha Wiese. Wenn nun eine Familie von 5 Personen jährlich einen Ochsen im Gewichte von ca. 300 kg Fleisch verzehre, so brauchte man für 3,6 Millionen Menschen blos 700 000 Stück Großvieh jährlich und es genügten somit 88 000 oder höchstens 200 000 ha Wiesen zu deren Aufzucht.[17] Es ist da blos vergessen, daß ein Ochse oder Kuh nicht ein, sondern mindestens 2½ bis 3 Jahre zum Heranwachsen beansprucht, und die fraglichen Mailänder Wiesen sind Winterwiesen, die auch im Winter mittels im Boden erwärmter städtischer Abfallwässer, die naturgemäß eine gewaltige Dungkraft haben, berieselt werden. Die Berliner Rieselwiesen geben dagegen sehr mäßige Erträge, kaum 5 Tons Heu, wohl wegen ungünstigerer klimatischer Bedingungen, sandigen Bodens 2c. Krapotkin erzählt, wie ein Pariser Gärtner, Pouce, mit 8 Mann Gehilfen auf 11 000 qm Fläche 125 000 kg Gemüse produzire und berechnet daraus, daß 24 Mann in 5stündiger Arbeitszeit mehr als genügend seien, um 500 Menschen mit je 300 kg Gemüse im Jahre, also recht reichlich, versorgen zu können. Wenn Krapotkin sagt (S. 124), daß 500 Arbeiter auf den amerikanischen Prärien die Nahrung für 50 000 hervorbringen, und darnach berechnet, daß 30 Arbeitstage zu 5 Stunden genügten, um eine Familie zu versorgen, so ist zu bemerken, daß es sich da um außerordentlich extensiven Betrieb handelt, wo nicht gedüngt wird;

---

[15] A. a. O., S. 127.
[16] A. a. O., S. 274.
[17] A. a. O., S. 278.

es sind zwei ganz unvergleichbare Sachen verglichen; es wird an=
genommen, daß bei einer sehr intensiven Bearbeitung, wie sie er=
forderlich ist, um 3000 kg Getreide pro ha zu erzeugen, genau die=
selbe Arbeitskraft für die geerntete Gewichtseinheit erforderlich ist,
wie beim extensiven Betrieb. So verbesserungsbedürftig auch die
Krapotkinschen Ansätze sind, so zeigten sie doch in vielen Fällen den
richtigen Weg, den man beschreiten muß, wenn man feststellen
will, ob „Wohlstand für Alle" möglich ist. Dasselbe ist von der
Arbeit Hermann Loschs zu sagen (Nationale Produktion, Leipzig
1892), dem es allerdings nicht um allgemeine Wohlfahrt, sondern blos
um Steigerung des Nationaleinkommens zu thun ist, Organisation
der gesammten Volkswirthschaft in nationale Trusts, deren Leiter
und Aktionäre selbstverständlich den ganzen Segen der gesteigerten
Produktion einsacken würden. Auch da sind die Ansätze vielfach
zu allgemein, so z. B. hat er für den weitaus wichtigsten Berufs=
zweig, die Landwirthschaft, welche allein so viel Arbeiter beschäftigt,
wie alle übrigen zusammengenommen, blos die vage Vermuthung,
es könnten da wohl 25 Prozent der Arbeiter erspart werden (a. a. O.,
S. 249). Für viele industriellen Berufe hat er, wie wir weiter
sehen werden, die Ersparniß zu gering bemessen.[18]

Von den neueren Utopisten fordert bekanntlich Bellamy sowohl
von Männern als von Frauen eine 24jährige Dienstzeit im Arbeiter=
heere (vom 21. bis 45. Lebensjahre), Neupaur (Oesterreich im
Jahre 2020, Wien 1892) läßt vom 19. bis 65. Lebensjahre arbeiten,
ähnlich wie Cabet in seinem Ikarien, der allerdings die Arbeits=
zeit auf 6 bis 7 Stunden reduzirt. Hansel Truth (Das Zeitalter
der Elektrizität, Zürich 1892) meint dagegen mit 3 Dienstjahren
auskommen zu können. Alle diese und viele andere Autoren haben
es indessen viel zu mühsam gefunden, wirkliche Berechnungen und
Nachweise zu bringen, sondern sie begnügen sich mit apodiktischen
Behauptungen, „so und soviel Arbeitszeit 2c." ist nothwendig. That=
sächlich hätte eine stark ausgedehnte oder gar lebenslängliche Arbeit
für den Staat doch zu sehr den Beigeschmack des Zuchthaus= oder
Sklavendaseins, und dieser Hinweis ist es, der die Stärke der Anti=
utopien ausmacht, die ja übrigens (wie z. B. Eugen Richters Sozial=
demokratische Zukunftsbilder, Gregorovius' Himmel auf Erden,

---

[18] Wenn Werner Sombart in seiner Rezension des Buches von
Hermann Losch (Conrads Jahrbücher für Nationalökonomie 1892, S. 754)
meint, jene Darlegungen würden vernichtend wirken für die Ansicht von
der überaus starken Steigerungsfähigkeit der Produktion, so hoffen wir,
daß er seine Meinung doch etwas modifiziren wird, wenn ihm die gegen=
wärtige Schrift zu Gesicht kommen sollte, resp. daß er seine Zweifel an
der Zweckmäßigkeit der sozialistischen Betriebsform näher begründen wird.

Michaelis Fortsetzung der Erzählung Bellamys) es mit dem Nach=
rechnen ebenso wenig genau nehmen. Man begnügt sich da, zu
erzählen, wie schlimm es kommen würde, wenn die Sozialdemokratie
siegte, fügt allenfalls einige aus der Luft gegriffene Zahlenangaben
hinzu und die Antiutopie ist fertig. Die neueren Utopien und
Antiutopien sind einander würdig, beide operiren mit gleich ima=
ginären Größen, es wäre daher Zeitverschwendung, näher auf sie
einzugehen. Stark im Stile der Utopien ist es übrigens, wenn
z. B. Friedrich Engels 1844 nach dem Engländer Alison be=
hauptete, daß England allein das Sechsfache, die ganze Erde das
Hundertfache ihrer jetzigen Bewohner ernähren könnte,[19] oder wenn
der von Bebel zitirte Carey anführt, daß allein das Orinocothal
die heutige Bevölkerung der Erde genügend mit Unterhalt versorgen
könnte.[20] Eine derartige Uebertreibung konnte nur entstehen, indem
man die Gesammtfläche von England, resp. der ganzen Erde mit
Getreide bestellt dachte, dabei womöglich Maximalerträge annahm
und die erhaltene Menge von Produkten entsprechend dem jetzigen
Mittelbedarf eines Menschen an Getreide vertheilte. Nun nehmen
aber selbst in den westeuropäischen bestkultivirten Ländern, z. B.
Belgien, die Ackerfelder kaum über 50 Prozent der Gesammtfläche
des Bodens ein, und auf die Produkte der Viehzucht werden doch
die Menschen nicht verzichten wollen. Belgien ernährt aber bloß
zwei Drittel seiner Bewohner (ca. 4 von 6 Millionen), und darnach
zu urtheilen könnte die ganze Erde vielleicht das 12= bis 14fache
ihrer jetzigen Bewohner ernähren — nota bene, wenn sie überall
ebenso günstige klimatische und Bodenzustände aufweisen würde.
Das aber ist eben nicht der Fall: Gebirge, zu trockene und zu kalte,
für den Ackerbau ungeeignete Gebiete nehmen mindestens $^3/_5$ bis
$^2/_3$ der Erde ein. Allerdings sind in einigen besonders begünstigten
Tropengebieten bei ausreichender Bewässerung zwei Jahresernten
möglich, z. B. auf Java, in der Gangesebene, allein die trockenen
Savannenlandschaften, die keinen regelrechten Ackerbau, sondern
nur dürftige Viehzucht gestatten, sind unvergleichlich ausgedehnter
als die regenreichen fruchtbaren Alluvialebenen. Künstliche Be=
wässerung ist ja auch nur da möglich, wo es Wasser giebt, von
der ganzen, riesigen Sahara wird man kaum über 1 Prozent künst=
lich bewässern können. Dasselbe gilt von Zentralasien, Arabien,
Südwestafrika, Australien (wenn man vom Ostrande absieht) ꝛc.
Auch die Ernteerträge haben eine feste Grenze und es ist keines=
wegs möglich, dieselben entsprechend der angewandten Arbeit und
verwendeten Dungstoffe zu erhöhen, wenn es auch noch möglich ist,

---

[19] Neue Zeit 1890/91, S. 249.

[20] Die Frau und der Sozialismus, 25. Auflage, S. 366.

die gegenwärtigen Mittelerträge selbst unserer alten Kulturländer bedeutend zu steigern. Was aber die oft gehörte Meinung
betrifft, daß es den Fortschritten der Chemie gelingen werde, die
Nahrungsstoffe, Eiweiß, Fett, Kohlehydrate direkt aus den Urstoffen herzustellen, so dürfen wir unter den heutigen Verhältnissen
auf solche vage Zukunftshoffnungen nicht unsere Pläne aufbauen.
Die Natur stellt ja selbst in gewissem Sinne ein großes chemisch-
physikalisches Laboratorium dar, wo Licht, Wärme, Feuchtigkeit,
Boden die Pflanze und das Thier großziehen und die verschiedensten
Stoffverbindungen hervorbringen; es kommt ja eben nicht nur darauf
an, daß es überhaupt gelingt, die Nahrungsstoffe aus den Urstoffen
zu erzeugen, als vielmehr darauf, solche billiger, d. h. mit weniger
Arbeitsaufwand herzustellen, als es in der Landwirthschaft geschieht,
wo der Mensch doch auch die Kräfte der Natur für sich arbeiten läßt.
Wenn es z. B. bereits gelungen ist, Zucker künstlich herzustellen, so
kommt diese Herstellung noch viel zu theuer und hat auf lange hinaus
keine praktische Bedeutung. Die Herstellung der Eiweißverbindungen
ist aber noch unendlich viel komplizirter, gar nicht zu reden von
den Geschmackserregern, die in fast unmeßbar kleinen Dosen in den
Nahrungsmitteln vertheilt sind und ohne die man viele Speisen
gar nicht genießen könnte — für geschmackloses Eiweiß 2c. werden
alle Menschen danken. Vorläufig dürfen wir jedoch bloß mit dem
Bekannten, nicht mit dem Unbekannten rechnen. Welche Berechtigung hätte eine Weltanschauung (in diesem Falle der Sozialismus), zu deren Durchführung erst welterschütternde Erfindungen
gemacht werden müßten.

Jedenfalls müssen wir zunächst damit rechnen, daß sämmtliche Nahrungsmittel, sowie die Faserstoffe für die Bekleidung in
der Landwirthschaft hergestellt werden müssen. Außerdem ist aber
der Sozialstaat gewissermaßen als geschlossener Staat zu denken,
der seinen ganzen Bedarf innerhalb seines eigenen Gebietes erzeugt. Es ist doch ganz undenkbar, daß die ganze Erde auf einmal
zum Sozialismus übergeht und dann den gegenseitigen Austausch
der Produkte durch Verträge weiter fortführt, vielmehr kann der
Uebergang nur ein allmäliger sein und man muß mit der Möglichkeit rechnen, daß ein solcher Staat von der übrigen Welt nichts
erhält. Man wird nun vielleicht sagen, ein geschlossener Kultur-
staat ist unter den heutigen Verhältnissen unmöglich, alle europäischen Länder stehen im Produktenaustausch mit allen Gebieten
der Erde, auch die Sozialdemokraten werden auf die Erzeugnisse
ferner Länder, Thee, Kaffee, Kakao, Gewürze, Seide, Südfrüchte 2c.
nicht verzichten wollen, Westeuropa, so auch Deutschland, muß ja
bereits einen Theil der nothwendigsten Nahrungsmittel, Getreide,
Fleisch und dergleichen einführen, desgleichen Baumwolle, Wolle,

Lein. Ein solcher Einwand hat dann Berechtigung, wenn man keine Kolonien in anderen Zonen erwerben, resp. die vorhandenen um jeden Preis losschlagen will — dann ist allerdings die Durch=führung des Sozialismus möglicherweise in eine ganz unabsehbar ferne Zukunft, 500 oder mehr Jahre (Robbertus!) hinausgerückt. Will man in der näheren Zukunft etwas erreichen, dann darf es nicht heißen: „Fort mit den Kolonien", sondern „her mit den Kolonien", „mehr Kolonien!" Selbst den gleichzeitigen Sieg des Sozialismus auf der ganzen Linie vorausgesetzt — glaubt man wirklich, daß damit alle nationalen Gegensätze abgeschafft, die Engländer z. B. sich ohne Weiteres großmüthig mit den Deutschen werden theilen, resp. stets zu einem billigen, gerechten Pro=duktenaustausch werden verstehen wollen? Ein gerechter inter=nationaler Produktenaustausch wäre doch nur möglich unter der Voraussetzung einer Weltrepublik, und die kann bei dem sehr un=gleichen Bildungs= und Kulturniveau selbst der europäischen Völker sehr lange auf sich warten lassen. Jedenfalls ist das weitaus näher Liegende ein Staatswesen, welches innerhalb seiner eigenen Grenzen, inklusive der Kolonien sich selbst genügen kann. England ist z. B. vollständig in der Lage, sich selbst genügen zu können, aber selbst für Deutschland wäre dies nicht so sehr schwierig. An brauchbaren Tropenkolonien hat es vollauf Genüge, um seinen ganzen Bedarf an tropischen Erzeugnissen in hoher Qualität produziren zu können. Kamerun ist z. B. nach den neueren Forschungen, namentlich von Wohltmann, ein landwirthschaftlich hochwichtiger Besitz, der für die Erzeugung von Kaffee, Kakao, Tabak die denkbar günstigsten klimatischen und Bodenverhältnisse aufweist, Neu=Guinea erzeugt eine Baumwolle, die die besten amerikanischen Marken übertrifft, ausgezeichnet für den Kaffeebau geeignet ist auch das Bergland von Usambara (Ostafrika), auch Deutsch=Südwestafrika läßt sich für die Viehzucht, namentlich Schafzucht, recht gut verwenden. Die gegen=wärtige Feindseligkeit der Sozialdemokratie gegen die Kolonien ist ja recht erklärlich aus dem Grunde, weil sie dem Staate nichts einbringen, sondern nur Geld kosten, resp. den ganzen Vortheil von deren Ausbeutung Privatkapitalisten an sich ziehen. Das würde sofort anders werden, sobald der Staat daselbst auf seinen Län=dereien, die ihm zudem nichts kosten, tropische Landwirthschaft im großen Stile treiben wollte. Die Schwierigkeit liegt einzig in der Heranziehung der Arbeitskräfte. Aber selbst diese Schwierigkeit ist nicht unüberwindlich. Weiße können allerdings in der eigentlichen Tropenzone unter keinen Umständen für physische Arbeiten ver=wendet werden.

Man müßte, um es mit dürren Worten zu sagen, einen gewissen Arbeitszwang für die Eingeborenen einführen. Dieser

Arbeitszwang darf durchaus nicht als Sklaverei aufgefaßt werden, er braucht ja durchaus nicht länger zu währen bei entsprechenden Leistungen, als die Arbeitspflicht des Weißen in Europa. Bei einer 10jährigen Arbeitspflicht für die Männer könnte z. B. die ca. 3 Millionen Menschen zählende Negerbevölkerung von Deutsch-Ostafrika recht gut 200 000 Arbeiter stellen, die für die Bewirthschaftung von 300 000 Hektar Kaffeeland vollauf genügen würden. Ein so großes Areal von ausgezeichneter Bodenqualität würde aber allein Usambara bieten. Rechnet man nun, was bei fruchtbarem Boden durchaus nicht zu hoch ist, 1500 kg Kaffee-Ertrag pro ha, so wären das 450 Millionen kg, etwa das Vierfache des heutigen deutschen Kaffeekonsums. Dabei würde es denn nichts verschlagen, wenn man als Entgelt der ganzen Negerbevölkerung Nahrungsmittel und Baumwollekleider zukommen ließe im heutigen Werthe von 100 bis 150 Millionen Mk., man wäre doch viel billiger zu diesem wichtigen Genußmittel gekommen, als es heute möglich ist, wo den Löwenantheil stets Pflanzer und Kaufleute, resp. fremde Staaten in Form von Ausfuhrzöllen einstecken. Wenn man sich aus sentimentaler Gefühlsduselei auch zu einem solchen zeitweiligen Arbeitszwang für die Schwarzen nicht entschließen will — dann ist freilich nichts zu machen — freiwillig wird der Neger unter den heutigen Verhältnissen bei seiner Bedürfnißlosigkeit selten arbeiten. Wenn zuweilen, namentlich in der sozialdemokratischen Presse, die Hartherzigkeit der Holländer verdammt wird, die auf Java die Eingeborenen zur Arbeit gezwungen haben, so weiß man dabei nicht, wie gering die zu leistende Arbeit ist und wie unsäglich faul und nachläffig sie von den Eingeborenen betrieben wird. In den Kaffeedistrikten muß da eine Familie 650 Kaffeebäume versorgen, die im Mittel kaum eine Ernte von 250 kg liefern, in Sao Paulo (Brasilien) bearbeitet eine Familie gewöhnlich eine Pflanzung von 3000 bis 4000 Bäumen, die daselbst auf unverhältnißmäßig schlechterem Boden selten unter 3000 bis 4000 kg Ertrag liefern. Die Anordnungen, resp. die ganze Leitung und Verwaltung der Pflanzungen müßte freilich von weißen Beamten mit höherer landwirthschaftlicher Ausbildung getroffen werden — auf 100 Negerarbeiter wird schon ein Beamter bequem ausreichen. Renitenten Negern gegenüber braucht man auch nicht gerade zu Galgen und Rad zu greifen — gelingt es indessen erst, den Neger an Genüsse zu gewöhnen, ihm die Vortheile der Dienstzeit klarzulegen (ausreichende Versorgung für die spätere Lebenszeit), so wird er nachher ganz gerne freiwillig sich zum Eintritt melden. Arbeiten doch jetzt Neger in Ostafrika vielfach um einen Tagelohn von 50 bis 75 Pf., wie viel eher werden sie sich bei dem vier- bis fünffachen Entgelt mit der Arbeit befreunden. Es wird öfters über die Verrohung deutscher Beamten in Afrika geklagt und als Konsequenz Aufgabe der Kolonien gefordert. Das ist genau so verständig, als wenn man die Lunge ausschneiden wollte, weil sich einzelne Bakterien darin festgesetzt haben, anstatt einfach die Bakterien zu entfernen suchen. Wird die Macht= befugniß der Beamten streng umgrenzt, Vergehen unnachsichtlich bestraft, so wird der „Tropenkoller" wohl bald aufhören. Auch die „trockenen Savannen" von Ostafrika werden sich wenigstens zur Viehzucht, Rinderzucht benutzen lassen. Wenn man vielleicht auch nur auf 10 ha wird 1 Stück Rindvieh halten können, so wären da doch bei völliger Ausnutzung 8 bis 9 Millionen Rinder unterzu= bringen; Deutsch=Südwestafrika könnte sicher 25 bis 30 Millionen Schafe auf seinen 80 Millionen ha ernähren, welche nahezu die gesammte Wolleinfuhr Deutschlands aus Australien und Argen= tinien ersetzen könnten. Ein Theil der höher gelegenen Striche von Ostafrika wird sich jedenfalls auch noch zu Weizenbau ver= wenden lassen, man hat wenigstens schon bei Tabora schönen protein= reichen Weizen erzeugt. Für Südfrüchte, Orangen, Feigen, Mandeln ꝛc. werden die bewässerbaren Thalgründe in Deutsch=Südwestafrika recht geeignet sein; selbst wenn man nur $^1/_{1000}$ von Südwestafrika be= wässern könnte, = 80000 ha, so würde doch der Bedarf an Süd= früchten reichlich gedeckt. Für den Anbau von hochwerthiger Baum= wolle, edlem Tabak, Ramie lassen sich von den außerordentlich frucht= baren Alluvialebenen Neu=Guineas sicher 400000 bis 500000 ha dem Urwald abringen, zu deren Bebauung allerdings ca. 100000 ein= heimische, resp. malayische Arbeiter oder eingeführte Neger werden verwandt werden müssen. Was den Import an Getreide, Vieh, Fleisch anlangt, dessen Werth 1891 bis 1896 im Mittel eine Höhe von 600 bis 700 Millionen Mark erreichte, so können diese Nahrungs= mittel fast vollständig in Deutschland selbst erzeugt werden, sobald erst die Landwirthschaft einheitlich organisirt ist, an Meliorationen, Kunstdünger ꝛc. nicht gespart wird. Der deutsche Weizen, nament= lich die jetzt so verbreiteten, hohe Massenerträge liefernden eng= lischen Sorten, ist allerdings recht proteinarm (11 bis 12 Prozent) und man muß ihn oft, um ein backfähiges Mehl herzustellen, mit proteinreichem ungarischen, russischen, argentinischen Weizen ver= mengen. Lassen sich jedoch in den Hochebenen Ostafrikas nur 1 bis 2 Millionen ha für Weizenanbau tauglichen Bodens (= 1 bis 2 Prozent der Gesammtfläche) ermitteln und darauf nur 1000 kg pro ha Weizen produziren, so könnte Deutschland, auch was den Bedarf an hochwerthigem Weizen anlangt, bereits bei seinem jetzigen Kolonialbesitz von der übrigen Welt unabhängig bastehen. Es brauchte dann blos in Ostafrika die Eisenbahnen zu bauen, Bodenmeliorationen, namentlich künstliche Bewässerung einzurichten ꝛc.; auf den Hoch= ebenen mit mehr gemäßigtem Klima werden sich bei abgekürzter

Arbeitszeit und späterem Rücktransport in die Heimath zum Theil selbst weiße Arbeiter verwenden laßen. Jedenfalls ist der Kolonial= besitz Deutschlands ein geradezu ausschlaggebender Faktor für die Lösung der sozialen Frage und die einzige Sorge sollte sein, daß nicht zu viel Land von Privaten zu Spekulationszwecken erworben, der Staat später nicht gezwungen wird, Milliarden dafür auszu= werfen, was er jetzt umsonst hat. Vor Allem aber müßten überall landwirthschaftliche Versuchsstationen gegründet, geologische Durch= forschungen, Vermeßungen ausgeführt werden, damit man die Aus= dehnung des tauglichen Bodens genauer kennen lernt und zugleich feststellt, welche Kulturpflanzen in jeder Gegend am besten gedeihen. Man hat bis jetzt wohl Militärposten gegründet und ab und zu ein paar rebellische Neger niedergeschoßen, aber den kulturellen Werth festzustellen, hat man sich wenig Mühe gegeben. Die Sozial= demokratie würde in ihrem eigenen Intereße handeln, wenn sie anstatt die Koloniebudgets schroff zu bekämpfen, proponirte, jährlich einige Millionen zur wißenschaftlichen Erforschung und Anlage von einigen Dutzend Versuchsstationen auszuwerfen, mindestens sollte mit jedem Militärposten eine Versuchsplantage verbunden werden, wo es nöthig ist, Bewäßerungsanlagen hergestellt werden. Bis jetzt verdankt man fast nur privater Initiative die dürftigen Ausweise über den Kulturwerth der Kolonien, wobei die Pflanzungsgesell= schaften gerade die technisch=wirthschaftlich werthvollen Erfahrungen sorgfältig als Geschäftsgeheimniß für sich behalten. Das muß anders werden — und anders kann es nur werden durch staatliche Versuche im großen Stil, und nur dagegen muß protestirt werden, daß Privat= gesellschaften das Hundertfache von dem Areal ausgeliefert wird, was sie wirklich zu Pflanzungszwecken gebrauchen.

Es muß nun scharf hervorgehoben werden, daß eine bedeutende Hebung der Produktion nicht im Handumdrehen erfolgen kann, sondern auch nach Durchführung der Verstaatlichung dazu Jahre erforderlich sind. Am wenigsten schwierig ist natürlich die Hebung der Pro= duktion von Industrieerzeugnißen, die aus Eisen, Thon, Glas, Holz bestehen, da könnte diese Hebung mit dem Moment der Verstaat= lichung anfangen. Landwirthschaftliche Meliorationen brauchen jedoch Jahre, um zur Geltung zu kommen, am umständlichsten wäre die Vermehrung von thierischen Nahrungsstoffen (Fleisch, Milch, Butter), ebenso die Beschaffung von Wolle, Seide und dergleichen. Jedenfalls bedarf es in allen Produktionszweigen sorgfältiger Vorbereitung und energischer, sachkundiger Leitung.

Das Ziel, das uns für die nächste Zukunft im Sozialstaat vorschwebt, ist eine Verdoppelung bis Verdreifachung der gegen= wärtig in Deutschland vorhandenen werthvolleren Nahrungs= und Genußmittel, z. B. von Fleisch, Butter, Zucker, Bier. Der Fleisch=

konſum, der gegenwärtig ca. 40 kg pro Kopf beträgt,[21] müßte auf 100 kg erhöht werden, der Butterkonſum von 9 Pfund[22] auf ca. 30 bis 32 Pfund, der Zuckerverbrauch von 12 kg[23] auf 30 kg, der Bierkonſum von 100 l[24] auf 200 l. Damit dürfte in Deutſchland allerdings erſt die Lebenshaltung der auſtraliſchen Bevölkerung erreicht ſein, jedoch mit dem Unterſchiede, daß die Unſicherheit der Exiſtenz aufhörte und ein Jeder im ſpäteren Leben Muße hätte, für verfeinerte Bedürfniſſe zu ſorgen. Zur Erreichung dieſes Zieles müſſen natürlich zunächſt die Erträge der Landwirthſchaft an Getreide, Gras, Knollengewächſen mindeſtens verdoppelt werden. Es gilt alſo nachzuforſchen, ob und wie dieſe Verdoppelung bewerkſtelligt werden könnte.

b. Das Landgut und ſeine Statik.

Wenn wir die Ernteſtatiſtik durchgehen und den Mittelerträgen gegenüberſtellen die Leiſtungen in den wirklich intenſiv und rationell geleiteten Wirthſchaftsbetrieben, ſo gewahren wir überall auch in den fortgeſchrittenſten Kulturſtaaten einen bedeutenden Unterſchied. In Deutſchland betrug z. B. die mittlere Getreideernte 1885 bis 1894 ca. 1200 kg pro ha, und zwar wurde an Roggen geerntet 10,5, an Weizen 14,0, an Gerſte 13,8, an Hafer 11,7 Doppelzentner. Daneben aber giebt es einzelne Wirthſchaften, die im Mittel das 2½ bis 3fache erzielen, es iſt das hauptſächlich in den Rübenwirthſchaften der Fall. So hatte das Gut Benkendorf bei Halle Weizenerträge von 3600 kg pro ha,[25] desgleichen das Gut Leutewitz in Sachſen.[26] Der Gutsbeſitzer Heine auf Hadmersleben (Sachſen) hat ſogar durch ſorgfältige Behandlung des Saatgutes (Ausleſe mit der Hand) und rationelle Bodenbearbeitung Erträge von 4900 bis 5200 kg pro ha erzielt auf Parzellen, die bis zu 5 ha umfaßten.[27] Sir A. Cotton behauptet ſogar, auf ziemlich dürftigem Boden 130 Scheffel (Buſhel?) Weizen und 6½ Tons Stroh pro Acre geerntet zu haben,[28] = ca. 8500 kg Weizen pro ha, was allerdings ſtark an das Mythiſche ſtreift, betrug doch die wirklich konſtatirte Maximalernte in Nordamerika auf beſtem Boden in einem beſonders günſtigen Erntejahr

---

[21] Thiels Landwirthſchaftliche Jahrbücher 1897, S. 144.

[22] Detken, Landwirthſchaft der Vereinigten Staaten 1893, S. 367.

[23] Statiſtiſches Jahrbuch des Deutſchen Reiches 1897.

[24] Statiſtiſches Jahrbuch des Deutſchen Reiches 1897, S. 31.

[25] Thiels Landwirthſchaftliche Jahrbücher 1887, S. 514.

[26] Krafft, Landwirthſchaftliche Betriebslehre, Wien 1892, S. 134.

[27] Zeitſchrift für die geſammten Staatswiſſenſchaften 1884, S. 665.

[28] cf. Neue Zeit 1895/96, S. 338.

nur 108 Bushel Weizen pro Acre == ca. 7100 kg pro ha, der Maximal=
ertrag von Mais allerdings 206 Bushel pro Acre = ca. 12900 kg
pro ha.[29] Immerhin können wir nach dem heutigen Stande des
Wissens 3000 bis 4000 kg Getreide pro ha auf den besseren Boden=
arten als recht gut erzielbare Mittelernten auffassen — selbststrebend
auch das nur bei ausgiebigster Düngung, sorgfältiger Bodenbearbei=
tung und Auswahl des Saatgutes. Eine Hebung der Erträge bis
zu dieser Höhe ist in relativ kurzer Zeit durchführbar. Der Besitzer
des Schniftenbergerhofes (Pfalz), Schickert, hat es verstanden, durch
starke Ueberschußdüngung den Roggenertrag im Laufe von 4 bis
5 Jahren nach der Uebernahme des Gutes (1884) von 7⁹/₄ auf
15¹/₂ Zentner pro Morgen, die Gerstenernte von 12 auf 20, Hafer
von 7 auf 21 Zentner zu bringen.[30] Auf schlechteren Bodenarten,
namentlich Sandboden, ist es natürlich weit schwieriger, hohe Ernten
zu erzielen. Immerhin hat Schultz=Lupitz auf undankbarem Sand=
boden der VII. und VIII. Klasse 10 Zentner Winterroggen und
6 Zentner Sommerroggen oder =Weizen,[31] im Mittel also 1600 kg
pro ha geerntet, bei besonders reichlicher, kombinirter Grün= und
Mineraldüngung Haferernten von 2800, in den letzten Jahren
(1893/95) bei Versuchen 3000 bis 3200 kg Hafer und Gerste erzielt.[32]
Man kann sonach allgemein sagen, daß der schlechteste Boden in
Deutschland befähigt ist, mindestens 30 bis 50 Prozent, mitunter
100 Prozent über die gegenwärtig wirklich erreichten Mittelerträge
auf allen Bodenarten zu bringen. Die eigentlichen Sandböden
nehmen im Preußischen Staat noch nicht ganz ¹/₃ der Fläche ein,
die übrigen ²/₃ gehören dem sandigen Lehm, den Lehm= und Thon=
böden an (cf. Meitzen, Der Boden des Preußischen Staates, Band V,
Berlin 1894), im übrigen Deutschland sind Sandböden relativ weniger
häufig vertreten. Man könnte nun bei der Uebernahme der land=
wirthschaftlichen Betriebe durch den Staat zunächst blos die Ernten
auf den besseren Böden durch systematische Melioration, Ueberschuß=
düngung, Tiefkultur ꝛc. in die Höhe zu bringen suchen. Werden auf
²/₃ der bisherigen Ackerfläche, wie bemerkt, den besseren Bodenarten,
Ernten von 3000 bis 3500 kg Getreide im Mittel erzielt, so braucht
man in Deutschland für die gegenwärtige Bevölkerung (52¹/₂ Mil=
lionen) und selbst noch bei einem Anwachsen derselben auf 60 bis
70 Millionen die schlechteren Böden überhaupt nicht anzubauen,
sondern könnte sie als Weide benützen, resp. als Reserve für den

---

[29] cf. Semler, Tropische Agrikultur, Band III, Wismar 1888, S. 63.
[30] cf. Giersberg, Der Schniftenbergerhof, Köln 1893; Münchener
Volkswirthschaftliche Studien, Heft 9, Stuttgart 1895, S. 100.
[31] cf. Thiels Landwirthschaftliche Jahrbücher 1881, S. 8f4.
[32] Mittheilungen der Deutschen Landwirthschaftsgesellschaft 1896, S. 28.

weiteren Zuwachs der Bevölkerung, die künftigen Geschlechter be=
trachten. Wir werden zu zeigen suchen, daß man anstatt der
26½ Millionen ha Ackerland und 6 Millionen ha Wiesen im
Deutschen Reich sehr gut mit 16 bis 17 Millionen ha Acker und
ca. 4 Millionen ha Wiesen auskommen und dabei noch die Volks=
ernährung ganz bedeutend besser gestalten kann.

Es wäre nun zu berechnen, wie viel Arbeiter zum Betriebe
der Landwirthschaft erforderlich sind. Wir stehen da vor starken
Schwierigkeiten: es giebt bis jetzt keinen vorbildlichen Betrieb, an
den man sich bei der Rechnungsaufstellung halten könnte. In
Deutschland wird in den intensiv bewirthschafteten Großbetrieben
und auf den landwirthschaftlichen Schulen und Instituten Werth
gelegt auf gute Bodenbearbeitung, Düngung und Melioration, kraft=
sparende Maschinen finden wir jedoch noch viel zu wenig berück=
sichtigt, und das aus dem Grunde, weil sie der Handarbeit gegen=
über meist viel zu theuer, resp. die Arbeiter zu billig sind. In
Nordamerika finden wir fast in Allem das Gegentheil: theuere
Arbeiter und in Folge dessen ausgedehnte Anwendung von Maschinen,
der Boden wird im Großen und Ganzen nur mittelmäßig bearbeitet
und gedüngt — in den eigentlichen Weizenstaaten wird fast noch
gar nicht gedüngt. Der Anbau von Hackfrüchten, Kartoffeln, Rüben,
welche gerade viel Handarbeit erfordern, ist in Nordamerika sehr
beschränkt. Es nützt uns also absolut nichts, den Arbeitsbedarf auf
den nordamerikanischen Prärien als Norm hinzustellen, wie es öfters
auch in der sozialistischen Presse geschehen ist — dort handelt es
sich um eine vorübergehende, äußerst extensive Wirthschaft, bei der
dem Boden gleichsam nur der Rahm abgeschöpft, ganz flach ge=
pflügt und fast gar nicht gedüngt wird, hier muß man, um für die
dichte Bevölkerung Nahrung zu schaffen, zur intensivsten Wirth=
schaftsform, starker Düngung, Anbau von Hackfrüchten, Tiefkultur,
Drainage, womöglich künstlicher Bewässerung greifen. Ebenso wenig
können wir nordamerikanische Stalleinrichtungen, wo der Mist durch
Wasser weggespült, in die Flüsse geleitet wird, als Muster ansehen,
für unsere Zwecke ist eine sorgfältige Konservirung des Stalldüngers
nothwendig. Um genau zu erfahren, was die rationelle Landwirth=
schaft bei allgemeiner Anwendung von Maschinen leisten und wie
viel Arbeitskraft dieselbe benöthigen würde, hätte man erst eine
Anzahl von wirklichen Musterbetrieben zu gründen, wo intensiv ge=
wirthschaftet und kraftsparende Maschinen in ausgedehntem Maße
verwandt werden. Die heutigen sogenannten Musterwirthschaften
sind nur musterhaft in der Anwendung von allerlei unnützem Luxus
und ergeben gewöhnlich eine schlechte oder gar keine Rente. Es
müßte mit jeder landwirthschaftlichen Hochschule mindestens ein
größerer Musterbetrieb verbunden werden, wo die Experimente

gleich im Großen vorgenommen werden, Düngeversuche auf ganzen
Schlägen von hundert und mehr Morgen angestellt, desgleichen
Fütterungsversuche an Hunderten von Rindern, Schweinen ꝛc. gleichzeitig vorgenommen werden, da man nur auf diese Art zu wirklich
brauchbaren Mittelwerthen gelangen kann. Nicht als ob ich damit
den Werth der bisherigen Versuche bestreiten wollte, es ist im Gegentheil alle Bewunderung zu zollen den ungemein mühsamen und mit
einem großen Aufwande von Scharfsinn festgestellten Ergebnissen,
wie sie von den Männern der landwirthschaftlichen Wissenschaft
bei Versuchskulturen auf ganz kleinen Parzellen, beziehungsweise
sogar in Blumentöpfen erzielt worden sind; für die praktischen
Zwecke wäre doch eine Wiederholung dieser Versuche im Großen,
unter den verschiedenen klimatischen Bedingungen und Bodenverhältnissen, wie sie bereits in einem und demselben Lande vor-
kommen, durchaus angezeigt. Fütterungsversuche sind allerdings
auch recht zahlreich unternommen. Dennoch wird von Männern
der Wissenschaft geklagt, daß man z. B. bis jetzt nicht genau den
Nahrungsbedarf des Schweines festgestellt habe.[**] Thatsächlich wissen
wir weder exakt, wie viel Eiweiß, Fett, Kohlehydrate zur Produktion
eines schlachtreifen Schweines von einem bestimmten Gewicht im
Mittel erforderlich ist, noch auch wie viel von diesen Stoffen zur
Aufzucht eines schlachtreifen circa dreijährigen Ochsen von z. B.
15 Zentnern gehört, die Fütterungsversuche erstrecken sich meist auf
eine kürzere Periode, z. B. die Mastperiode bei Ochsen und Schweinen,
die Lactationszeit bei Kühen. Gewiß sind die Schwierigkeiten, die
der Gewinnung von praktisch brauchbaren Werthen entgegenstehen,
nicht zu unterschätzen, erstens können die Kulturgewächse unter
den verschiedenen klimatischen Bodenverhältnissen, verschiedener
Düngung und Pflege, Differenzen in dem Nährstoffgehalt aufweisen,
die bei den werthvolleren dieser Stoffe, Eiweiß und Fett, auf 100
und mehr Prozent ansteigen (schlechtes Wiesenheu kann 2,6 Prozent an
verdaulichem Protein und 0,5 Prozent Fett aufweisen, bestes Heu von
sehr jungen Gräsern 10,8 resp. 2,2 Prozent, Luzerneheu kann 12
bis 13 Prozent Protein enthalten; desgleichen schwankt der Protein-
gehalt bei Weizen von 8 bis 22 Prozent, in einem und demselben
Lande, z. B. Deutschland, allerdings nur um 1 bis 2, höchstens
3 Prozent, etwa von 10 bis 13 Prozent). Andererseits haben selbst
Thiere einer und derselben Rasse oft eine stark verschiedene Ausnutzung der Futtermittel gezeigt. Es müssen eben, um den wirthschaftlichen Werth der verschiedenen Rassen genauer festzustellen,
exakte Fütterungsversuche im Großen vorgenommen werden. Wenn
der Staat jährlich ³/₄ Milliarden und mehr für die Armee und

[**] Prof. Lehmann in der Illustr. Landwirthschaftl. Ztg., 1897, Nr. 38.

Marine opfern kann, so könnte er auch wohl ein paar Millionen
mehr auftreiben, um z. B. in Deutschland ein Dutzend von Musterwirthschaften zu gründen, in denen Männer der Wissenschaft die
Versuche im Großen anstellen könnten. Schon unter den gegenwärtigen Zuständen sollte die ungeheure Einfuhr von Nahrungsmitteln auf die Dringlichkeit der Hebung des landwirthschaftlichen
Wissens und damit der landwirthschaftlichen Produktion hinweisen,
in einem europäischen Kriege könnte Deutschland sonst leicht auf
den Hungeretat gesetzt werden. Heute eignen sich zwar die Studirenden der Landwirthschaft theoretisches Wissen an — wenn sie dann
aber zur Praxis übergehen, so suchen sie es baldmöglichst zu vergessen und wirthschaften in heillosem Respekt vor der praktischen
Landwirthschaft, richtiger vor dem alten Schlendrian, gewöhnlich
in alter Weise weiter."[34] Woher sollten sie auch die praktische Er-
fahrung nehmen, wie eine wirklich rationelle Wirthschaft zu leiten
wäre? Allerdings ist ja trotzdem eine große Anzahl von intensiven
Betrieben vorhanden, gegenüber der Gesammtheit sind dieselben
aber stark in der Minderzahl. Außerdem stehen heute der Intensi-
virung der Landwirthschaft zwei schwere Uebel entgegen: Mangel an
Kapital bei der Mehrzahl der Landwirthe und die Unbeständigkeit
resp. starken Schwankungen der Preise, namentlich der Getreidepreise.
Auch sind die landwirthschaftlichen Maschinen, zumal die Dampfpflüge,
viel zu theuer. Namentlich neuerfundene Maschinen kosten oft das
Mehrfache von ihrem wirklichen Werth und können sich gerade in
Folge dessen schwer einführen. Der Fabrikant muß ja auch heute
mit vielen Umständen, langer Lagerung, dadurch bedingten Zins-
verlusten, hohen Patentgebühren und Zwischenhändlerrabatt rechnen,
geringem Absatz eines jeden einzelnen Maschinentypus u. s. w. Der
Landwirth kann oft die nützlichste Maschine nicht einführen, weil
sie ihm gegenüber den Handarbeitskosten nicht rentiren würde. Im
Sozialstaate kosten dagegen die Maschinen nichts als Material
(vornehmlich Holz und Eisen resp. Stahl), welches in der Natur
reichlich vorhanden ist, und Arbeit; es können für jeden einzelnen
Maschinentypus besondere Fabriken errichtet werden und dieselben
bei weitgehender Arbeitstheilung mit einem so geringen Aufwande
hergestellt werden, daß sie kaum mit ⅓ bis ¼ des jetzigen Preises
in Anschlag zu bringen wären. Auch für den Wirthschaftsleiter in
einem landwirthschaftlichen Betrieb ist ja die Aufgabe wesentlich
vereinfacht, er braucht nicht mit den Marktkonjunkturen zu rechnen,
sich um die Maschinenpreise und Arbeitslöhne zu kümmern, sondern
blos darauf auszugehen, wie er mit dem geringsten Arbeitsauf-

---

[34] Vergl. namentlich die schönen Ausführungen von Prof. C. v. Rümcker
in dessen 1897 erschienenen Broschüre über das landwirthschaftliche Studium.

wande die höchſtmöglichen Leiſtungen nach Quantität und Qualität
erzielt. Allerdings wird er ja auch nicht anbauen können, was ihm
gerade einfällt, ſondern nur das, wofür ein Bedarf vorhanden iſt,
und der Wirthſchaftsplan muß immer wenigſtens für einige Jahre
im Voraus feſtgeſetzt werden. Für beſſere Leiſtungen müſſen natür=
lich ſowohl für den Betriebsleiter, wie für die Arbeiter Prämien
angeſetzt werden.

Wir werden nun verſuchen, in Ermanglung eines vorhandenen
Muſterbetriebes, einen ideellen auf beſſerem Boden zu zeichnen, um
wenigſtens Anhaltspunkte, reſp. Näherungswerthe für den Arbeits=
bedarf in der Landwirthſchaft des Sozialſtaates zu gewinnen. Hier
iſt nun die erſte Frage nach der Größe desſelben, und da zeigen
ſich gleich die weſentlichen Unterſchiede zwiſchen Induſtrie und
Landwirthſchaft. In der Induſtrie wird regelmäßig der größte
Betrieb, in dem Tauſende von Arbeitern vereinigt ſind, die Ar=
beitstheilung am weiteſten fortgeſchritten iſt, am beſten proſperiren
— in der Landwirthſchaft kann gar nicht eine weitgehende Arbeits=
theilung ſtattfinden, es findet nicht ein Nebeneinander der einzelnen
Manipulationen ſtatt wie in der Induſtrie, ſondern ein ſtreng zeit=
lich geſchiedenes Nacheinander, man kann nicht das ganze Jahr
pflügen, ſäen, ernten, ſondern immer nur zu einer beſtimmten
Jahreszeit. Dann aber iſt ein äußerſt wichtiger Faktor die Ent=
fernung. In einer Fabrik, mag ſie noch ſo groß ſein, ſind die
Entfernungen der einzelnen Werkſtätten von einander ſtets minimal,
auf einem größeren, intenſiv bewirthſchafteten Landgut geht mit
dem Hin= und Hergehen der Arbeiter, den weiten Dünger= und
Erntefuhren, ſtets viel Zeit verloren. Bei einer mittleren Ent=
fernung der Felder von 3 bis 4 km hört unter den heutigen Ver=
hältniſſen ein Reinertrag überhaupt auf. Rein theoretiſch betrachtet
muß bei ausſchließlicher Handarbeit (Gartenkultur) die kleinſte Wirth=
ſchaftseinheit, die gerade noch eine Familie bearbeiten kann, die
rentabelſte ſein. Bei Spannkultur erweitert ſich natürlich die ratio=
nelle Größe des Betriebes, derſelbe muß wenigſtens ſo groß ſein,
daß er die volle Ausnützung eines 2, 3, 4=Geſpannes (je nach den
Bodenverhältniſſen) erlaubt; um die vortheilhafte Anwendung der
Säe= und Erntemaſchine zu geſtatten, muß das mit Getreide beſtellte
Areal ſchon wenigſtens 50 bis 60 ha umfaſſen. Bei der Anwendung
eines Dampfpfluges könnte bis zu 1000 ha Ackerland und mehr ge=
gangen werden, wenn nicht die Entfernung das Einbringen der
Feldfrüchte zum Wirthſchaftshof und Ausbringen des Düngers
erſchwerte. So ſetzt denn auch Krafft die Größe eines Landgutes,
welches bei regelmäßiger (quadratiſcher) Grundform und zentraler
Lage des Gutshofes noch vortheilhaft bewirthſchaftet werden kann,
auf 600 ha herab. Es haben aber weitaus die meiſten Güter eine

durchaus unregelmäßige Form der Grundfläche und dabei sind die Gutshöfe fast nie in der Mitte, sondern stets am Rande gelegen, sie stehen regelrecht da, wo es bei der ersten Ansiedlung die Lage am Wasser, in der Nähe einer Landstraße, Nachbarschaft, guter Boden ꝛc. mit sich brachte. Das allein schon bedingt eine gewaltige Zeit- und Arbeitsverschwendung bei den jetzigen Großgütern. Aber auch die Bauernansiedlungen resp. Dörfer haben es meist mit einer unregelmäßigen Grundform und weiten Entfernungen zu thun. Es wird sonach für den Sozialstaat wohl nichts übrig bleiben, als fast sämmtliche Wirthschaftshöfe neu zu erbauen. Von den vielen kleineren und größeren Bauernhöfen, die ja 75 Prozent der Ackerfläche Deutschlands bedecken, aus zu wirthschaften, wäre mit ungeheurer Arbeitsverschwendung verbunden, auch brauchte man dazu einen gewaltigen Verwaltungsapparat. Eine Wirthschaftseinheit von 600 ha dürfte auch noch immer zu große Entfernungen bieten und für die bequeme Leitung eines Wirthschaftsbeamten zu umfangreich sein. Wir werden als Beispiel für unsere Betrachtung eine Wirthschaftseinheit von rund 160 ha Ackerfläche und 40 ha Wiesen wählen. Die Wiesen können natürlich etwas abgelegen sein, blos das Ackerland ist rund um den Gutshof herum liegend zu denken. Bei quadratischer Grundform könnte man ein Viereck von 1300 m, welches 169 ha Fläche ergeben würde, wählen, (die 9 ha würden für den Wirthschaftshof, Wege, Teiche ꝛc. abgehen). Man brauchte dann für ganz Deutschland zunächst rund 100 000 Betriebe von dieser Größe, die ja natürlich nur als Beispiel, resp. als Durchschnittsgröße angenommen ist. In der Praxis würde die Bodenkonfiguration vielfach Abweichungen nöthig machen. Bei einem Quadrat von 1300 m und in der Mitte gelegenen Wirthschaftshof würde die mittlere Entfernung inkl. der unerläßlichen Verluste, welche die Anlage der Wege veranlaßte, ca. 650 m betragen, also recht bequem von einem Fußgänger oder Lastwagen in zehn Minuten zurückgelegt werden können. In der berühmten Wirthschaft v. Thünens, Tellow, betrug die mittlere Entfernung 210 Ruthen, inkl. der Wegverluste 241,5 = 1124 m, für welchen Weg die Arbeiter 32 Minuten hin und zurück gebrauchten.[35] Es erhöhen sich nun die Unkosten nach Fühling bei 375 m Mehrabstand um 6, nach Monteton um 5, nach Block um 7 Prozent.[36] Die meisten heutigen Gutsfelder und Dorfäcker werden schwerlich eine geringere mittlere Entfernung als 1000 bis 1500 m besitzen, wir hätten also bei praktischer Anordnung nicht zu großer Wirthschaftsflächen sicher

---

[35] Thünen, Der isolirte Staat. Dritte Auflage, Berlin 1875, Th. I, S. 96.

[36] v. d. Goltz, Handbuch der Landwirthschaft, Band I, S. 204, Tübingen 1890.

500 m Weg gewonnen. Das macht also schon ca. 8 Prozent Minder=
aufwand, resp. wenn man den heutigen Werth der landwirthschaftlich
benutzten Fläche im Deutschen Reich mit E. Klapper zu 40 Milliarden,[37]
den Jahresreinertrag zu 1600 Millionen annimmt, 120 Millionen
Ersparniß jährlich, wogegen allerdings durch die Neuanlage von
100000 Wirthschaftshöfen, à ca. 100000 Mk., etwa 10 Milliarden
Auslage entstehen. Bei einer Verdoppelung der Produktion würde
die Ersparniß annäherungsweise die Zinsen für die Auslagen decken
— im Sozialstaat hätte die Neuanlage der Wirthschaftshöfe nur
die Bedeutung, daß die erste Generation nach der Verstaatlichung
verhältnißmäßig mehr zu arbeiten, gleichsam für die Nachkommen
mit Kapital sammeln müßte. Man brauchte ja auch die bestehenden
Gutshöfe der Großbetriebe nicht niederzureißen, sondern bloß zwischen
denselben neue anzulegen und die Felder so zusammenzulegen, daß
die Wirthschaftshöfe möglichst zentral gelegen sind. Bei einer
starken Erhöhung der Produktion würde ein Wirthschaftshof, der
früher für 400 bis 500 ha ausreichte, gerade nur noch für 200 ha
genügen, so daß schon aus dem Grunde eine Menge neuer Höfe
angelegt werden müßten. Die Stallungen, Scheunen u. s. w. der
Kleinbetriebe wären natürlich wegen ihrer Kleinheit und Zerstreut-
heit überhaupt nicht brauchbar.

Die Bodenbearbeitung könnte mittelst Elektrizität geschehen
und es wäre zu diesem Zwecke auf etwa je zehn Wirthschaftshöfe
der gedachten Größe eine elektrische Zentralanlage einzurichten, von
der aus denn auch die Dreschmaschinen, Futterschneider, Milch=
zentrifugen u. s. w. in Bewegung gesetzt, sowie für elektrische Beleuchtung gesorgt werden könnte. Nach dem im Mai 1897 ausge=
gebenen Prospekt der Firma A. Borsig für Dampf= und elektrische
Pflüge ist zum Betrieb von fünf elektrischen Pflügen, die je 5 ha
in zehn Stunden auf 35 cm Tiefe umackern könnten (entsprechend
den Leistungen eines zwanzigpferdekräftigen Fowler'schen Dampfpflug=
apparats mit zwei Lokomobilen), eine Zentrale von 250 Pferdekraft
in Aussicht genommen, die zusammen (inkl. Leitungen, Transformatoren und Pflüge) 177000 Mk. kosten würde,[38] inkl. des Gebäude=
kapitals würden sich die Kosten wohl noch um 30000 bis 40000
bis 50000 Mk. erhöhen. Zum Betrieb der kleineren Wirthschafts=
maschinen, Beleuchtung u. s. w. wäre es aber zu kostspielig, täglich
eine Dampfmaschine von 250 Pferdekräften zu heizen, es dürfte dazu
schon eine zweite Maschine von 100 Pferdekräften mehr als aus=

---

[37] Fühlings Landwirthschaftliche Zeitung, 1894, Märzheft.

[38] Vergl. auch die Berechnung von Ingenieur Brutschke, Deutsche
landwirthschaftl. Presse, 1896, S. 410, sowie den Aufsatz von Köttgen
in Thiels Landwirthschaftlichen Jahrbüchern, 1897, S. 637 ff.

reichend fein. Für eine solche Zentrale sind außer dem technischen
Betriebsleiter ein Maschinist und zwei Heizer erforderlich, außerdem noch für jeden Pflug je drei Arbeiter. Wir werden nun zunächst
annehmen, daß nur die schweren Ackerarbeiten, das Pflügen und
Grubbern, mit dem elektrischen Apparat geschieht, Eggen, Drillen,
Maschinenmähen dagegen genau so wie es jetzt üblich ist in denjenigen Wirthschaften, wo Dampfpflüge angewandt werden, mit
Pferden besorgt werden müßte, desgleichen für sämmtliche Fuhren
nur Pferde in Betracht kommen. Für die Zukunft werden sicher
auch zu allen diesen Zwecken von Elektrizität in Bewegung gesetzte
Apparate konstruirt werden. Vorläufig werden wir aber vorsichtshalber annehmen, daß für den fraglichen Betrieb von 160 ha Ackerland acht starke Pferde nöthig sind, dazu je zwei Getreidemähmaschinen (Selbstbinder) und ebensoviele Grasmähmaschinen. Zum
Ausbringen des Düngers und Einbringen der Hackfrüchte ist unbedingt
eine Feldbahn zu benützen, wofür ja genügend Erfahrungen vorliegen.

Das Ackerland könnte in vier Schlägen bewirthschaftet werden
von je 40 ha, davon kann ein Schlag Winterung (Weizen oder
Roggen) enthalten, ein Schlag Hafer und Gerste, ein Schlag Klee
und der vierte Schlag zur Hälfte Hülsenfrüchte (Ackerbohnen, Wicken,
Erbsen), zur Hälfte Raps und Hackfrüchte. Es darf kein über-
mäßiger Hackfruchtbau stattfinden, um nicht den Arbeiterbedarf zu
sehr anschwellen zu machen, 15 ha werden genügen. Die Höhe der
Erträge werden wir, wie es jetzt bei den besseren Ländereien, die
sich in gutem Kulturzustande befinden und intensiv bewirthschaftet
werden, allgemein vorkommt, zu 15 bis 18 Zentner Getreide,
100 Zentner Kartoffeln, 800 Zentner Futterrüben, 240 Zentner
Klee pro ha ansetzen. Die Fruchtfolge und Erträge werden sich dann
folgendermaßen darstellen lassen:

I. 40 ha Winterung, gedüngt, à 3000 kg netto (ab Aussaat)
    = 120 Tons Korn, ca. 200 Stroh;

II. 20 ha Ackerbohnen à 3000 kg netto = 60 Tons, ca. 80 Stroh;
    5 ha Raps und Lein, à 2000 kg netto = 10,0 Tons;
    5 ha Futterrüben à 70 000 kg netto = 350 Tons, ca. 100 Kraut;
    10 ha Kartoffeln à 20 000 kg netto = 200 Tons, ca. 40 Kraut;

III. 20 ha Gerste (nach Bohnen) à 3400 kg netto = 68 Tons,
    ca. 100 Stroh;
    20 ha Hafer (¹/₂ Stalldung) à 3500 kg netto = 70 Tons,
    ca. 100 Stroh;

IV. 40 ha Klee à 12 000 kg Heu, resp. 48 000 kg Grünfutter,
    ca. 480 Heu;
    40 ha Wiesen à 12 000 kg Heu, ca. 480 Heu.

In die Winterung könnte allenfalls noch, wo der Boden
sandig ist, Serradella eingesäet werden, welche im Herbste zum

Theil als Grünfutter verwendet, zum Theil zur Gründüngung unter-
gepflügt werden könnte, schwerer Boden könnte sofort nach der Ernte
umgebrochen und mit Wicken bestellt werden, die dann im Herbste
dem gleichen Zwecke dienen könnten. Wir werden dafür keinen
besonderen Betrag einstellen, da bereits die Heuernte recht hoch angenommen ist und zum Theil geringer ausfallen könnte.

Ausgeführt wird von der Wirthschaft alles Wintergetreide, dafür
werden jedoch ca. 20 bis 25 Tons Kleie wiedererhalten. Desgleichen
müßten ca. 36 bis 38 Tons Gerste zur Bierbereitung abgeliefert
werden, wogegen dann ca. 12 Tons trockene Träber wiedererhalten
und als Rinderfutter verwendet werden können. Endlich sind noch
100 Tons Speisekartoffeln abzugeben. Alles übrige wird verfüttert.
Für Zuckerrüben, sowie an Brennereikartoffeln ist nichts angesetzt.
Zucker könnte viel praktischer in den Tropenkolonien erzeugt werden.
Es wäre bloße Bodenverschwendung, wenn man in Deutschland
¼ Million ha zu diesem Zwecke opferte (die besser zur Futter-
erzeugung für das Vieh verwendet werden können), wenn in den
Tropenkolonien ausgedehnte, für den Anbau von Zuckerrohr ge-
eignete Flächen brach liegen. Zuckerrüben geben auch auf bestem
Boden und bei sorgfältigster Düngung und Bearbeitung kaum
40 000 kg pro ha Ertrag, Zuckerrohr unter gleichen Verhältnissen
100 000 bis 120 000. Dabei ist der Zuckergehalt im Rohr gewöhnlich
etwas höher als in der Rübe (Zuckerrohr hat mitunter 18 bis
22 Prozent Zuckergehalt, die Rübe selten über 15 bis 16 Prozent),
vor Allem ist er weit leichter kristallisirbar, Rohr enthält viel
weniger fremde Bestandtheile, die die Ausbringung des Zuckers er-
schweren. Daß gegenwärtig der Rübenzucker erfolgreich mit dem
Rohrzucker auf dem Weltmarkte konkurrirt, ist blos ein Zeichen der
Rückständigkeit der Tropenländer. Für die 1500 bis 1800 Millionen kg
Zucker, die Deutschland gegenwärtig erzeugt, könnten 100 000 bis
150 000 ha guten Alluvialbodens in den Tropen genügen, allein
das Delta des Rufidschi (Ostafrika) würde wahrscheinlich ausreichen,
um Deutschland mit Zucker zu versorgen. Allerdings wären auch
ca. 100 000 Negerarbeiter erforderlich, die man in Ostafrika auch
auftreiben könnte, unter ähnlichen Bedingungen, wie für die Kaffee-
kultur. Es könnte alsdann auch der gesammte Alkoholbedarf aus
der Rohrzuckermelasse hergestellt werden, die verhältnißmäßig rein
ist und viel aromatische Bestandtheile enthält, mit der abscheulichen
Rübenmelasse gar nicht zu vergleichen. Anstatt daß man dann,
wie es heute geschieht, den schlechtesten Kartoffelfusel als „Neger-
rum" nach Afrika ausführt, könnte von da wirklicher, gut bereiteter,
gereinigter Rum eingeführt werden.

Es ist nun zu berechnen, wie viel an animalischen Produkten
der fragliche Wirthschaftsbetrieb liefern könnte. Von dem verfüg-

baren Futterquantum ist zunächst abzuziehen der Bedarf für die Pferde. Wir werden denselben zu 2000 kg Hafer und 8000 kg Kleeheu pro Pferd jährlich, zusammen also für die 8 Pferde 16 Tons Hafer und 24 Tons Kleeheu ansetzen. Die Pferde könnten dann bei mittlerer Arbeit 6 bis 7 kg Hafer und 10 kg Heu täglich erhalten, bei schwacher Arbeit und im Ruhezustande ⅔ dieser Ration, was noch für recht starke Pferde von 11 Zentner Lebendgewicht ausreichend wäre. Für die landwirthschaftlichen Arbeiten kommen blos 6 Pferde in Betracht, 2 Pferde könnten als Reserve gehalten werden, um eventuell für militärische Zwecke zu dienen.

An Rindvieh sollen gehalten werden 120 Milchkühe à 10 Zentner Lebendgewicht. Es bedürfen nun Milchkühe, die reichlich Milch liefern sollen (10 l täglich), nach Wolff-Lehmann pro 1000 kg Lebendgewicht täglich 2,5 kg Protein und Amib, 0,5 kg Fett und 13 kg stickstofffreie Substanzen.[39] Die fragliche Menge wäre annähernd enthalten in

	Proteïn und Amib	Fett	Stickstofffreie Stoffe
15 kg Kleeheu . . . =	1,215	0,210	5,745
15 = bestes Wiesenheu =	1,125	0,195	6,000
1 = Haferschrot . . =	0,082	0,040	0,470
0,2 = Leinsamen . . =	0,040	0,070	0,004
Summa	2,462	0,515	12,219

Im Sommer wäre an ca. 150 Tagen lediglich Grünklee zu füttern und zwar der entsprechende Betrag von ca. 100 bis 120 kg Grünklee pro 1000 kg Lebendgewicht. Im Herbst könnte Serradella-, resp. Wickengrünfutter gegeben werden, außerdem aber könnte an ca. 80 Tagen ⅕ des Grünklees durch die entsprechende Portion Runkelrübenblätter, ca. 20 kg täglich, ersetzt werden. Man hätte dann als Jahresbedarf der Milchkühe ca. 620 Tons Heu und Heuwerth, 100 Tons Rübenblätter, 22 Tons Hafer, 4,4 Tons Lein- oder Rapssamen.

Die Milchproduktion der Kühe werden wir zu 3930 l = 400000 l überhaupt annehmen können. Davon sollen ¹/₁₀, also 40000 l, direkt an die Kälber verfüttert werden, 30000 l könnten frisch abgegeben werden und die restirenden 330000 l auf Butter und Käse verarbeitet werden. Angenommen nun, die Milch enthält blos 3 Prozent Butterfett im Mittel und es werden 300000 l zentrifugirt und der Rahm entbuttert, so könnten daraus ca. 10000 kg Butter gewonnen werden (Butter enthält ja blos ca. 85 Prozent Butterfett, der Rest ist Wasser ꝛc.). 30000 l zu Fettkäse verarbeitet, würden ca. 2500 bis 8000 kg Käse ergeben. Von der übrig bleibenden Magermilch,

---

[39] Vergl. Menzel und Lengerkes Landwirthschaftlichen Kalender, 1897, S. 109.

ca. 300 000 l, könnten 80 000 l an die Kälber, 220 000 l an Schweine verfüttert werden.

Der ganze Rest an Rauhfutterstoffen wäre an das Jungvieh zu verfüttern mit Ausnahme von Winterhalmstroh, welches zur Streu dienen müßte. Man hätte dann noch ca. 310 Tons Heu und Heuwerth, 80 Tons Bohnenstroh, 40 Tons Kartoffelkraut, 200 Tons Gerste- und Haferstroh, außerdem noch 40 000 l Voll- und 80 000 l Magermilch, 6000 kg Rapssamen und 12 000 kg getrocknete Träber. Die Frage ist, wie viel Rinder davon aufgezogen werden können, resp. von wie viel Lebendgewicht. Kirchner führt ein Beispiel aus der Praxis eines Braunschweiger Viehzüchters an, der holländische Kühe aufzog. Derselbe verfütterte an Kälber im ersten Jahre:

	Verb. Eiweiß und Amid ca. kg	Fett ca. kg	Stickstoffreie Stoffe[40] ca. kg
552 l Vollmilch[41]	= 19,4	19,4	27,6
989 kg Heu	= 59,4	9,9	421,0
275 = Haferstroh . . .	= 3,0	1,5	104,0
1455 = Rüben	= 14,0	1,0	100,0
360 = Roggenschrot . .	= 36,0	5,8	234,0
375 = Gerstechrot . . .	= 24,5	8,6	240,0
215 = Oelkuchen	= 53,7	21,0	64,0
15,5= Weizenkleie . . .	= 1,6	0,4	7,0
38 = Leinsamen . . .	= 7,6	13,0	7,0
72 = Hafer	= 5,9	3,1	34,0
15 = Bohnenschrot . .	= 3,3	2,1	7,5

Summa der Nährstoffe im ersten Jahre: 228,4   85,8   1246,1

Im zweiten Jahre erhielten die Kälber:

	Verb. Eiweiß und Amid ca. kg	Fett ca. kg	Stickstoffreie Stoffe ca. kg
9500 kg Grünfutter . . .	= 181	38	1235
852 = Heu	= 51	8,5	365
988 = Haferstroh	= 12	6	380
2662 = Preßrückstände . .	= 16	5	188
208 = Malzkeime	= 29	2	103
216 = Oelkuchen	= 54	21	64

Summa im zweiten Jahre: 343   80,5   2335

Summa im ersten und zweiten Jahre: 571,4   166,3   3581,1

---

[40] Die Berechnung des Nährstoffgehaltes nach den von Lehmann umgearbeiteten Wolff'schen Normen ausgeführt (Menzel und Lengerkes Kalender 1897).

[41] v. d. Goltz, Handbuch der gesammten Landwirthschaft, Band III (Tübingen 1890), S. 401.

So gefüttert erreichten die Kälber in 12 Monaten ein Lebend=
gewicht von 315, nach 24 Monaten von 495 kg. Wir werden nun
den Nährstoffgehalt der in unserer Wirthschaft für das Jungvieh
vorhandenen Futterstoffe in Betracht ziehen. Wir hatten:

	Verd. Eiweiß und Amid kg	Fett kg	Stickstofffreie Stoffe kg
450 Tons Kleegrünfutter = 110 Tons Heuwerth	9000	1800	64000
200 Tons Heu (bestes Wiesenheu) .	15000	2700	80000
80 = Bohnenstroh	3760	400	27200
40 = Kartoffelkraut	1560	240	13500
100 = Gerstestroh	1200	600	38500
100 = Haferstroh	1300	500	40600
40 = Vollmilch	1400	1200	2000
80 = Magermilch	2800	240	4000
6 = Rapssamen	960	2520	900
12 = getrocknete Träber . .	1728	684	4000
Summa	38708	10884	274700

Die vorhandenen Eiweißstoffe und das Fett würden sonach
gerade zur Aufzucht von 66 Stück Jungvieh in dem von Kirchner
angeführten Beispiel genügen, resp. zur Produktion von 495 × 66
= 32670 kg Lebendgewicht; stickstofffreie Stoffe sind noch in Ueber=
schuß vorhanden. Da nun jedoch Jungkühe kaum vor dem 30. Monate
Kälber werfen werden, desgleichen junge Ochsen vor 2½ Jahren kaum
ausgewachsen sind und im 3. Lebensjahr das Futter etwas schlechter
verwerthen mögen, so werden wir vorsichtshalber rechnen, daß mit
den gedachten Futterstoffen rund 30000 kg Lebendgewicht produzirt
ist. Es könnten jährlich rund 30 Kuhkälber und ebensoviel Stier=
kälber aufgezogen werden. Erstere werden mit 2½ Jahren in die
Zahl der Milchkühe eingestellt, wofür dann die entsprechende Zahl
älterer Kühe ausrangirt werden. Da nun 120 Milchkühe an
100 lebensfähige Kälber im Jahre liefern dürften im Gewicht von
je 40 bis 50 kg, so werden 40 Kälber gleich nach der Geburt ab=
geliefert werden können im Gewicht von 1600 bis 2000 kg; die
älteren ausrangirten Kühe werden wohl ein höheres Schlachtgewicht
ergeben als 10 Zentner. Wir rechnen jedoch nur, daß jährlich Kühe
und Stiere im Gewicht von 30000 kg abgeliefert werden.

Für die Schweine bleiben noch übrig:

	Verd. Eiweiß und Amid kg	Fett kg	Stickstofffreie Stoffe kg
90 Tons Kartoffeln	1440	72	18900
350 = Runkelrüben (große) .	3500	210	24500
32 = Gerste	2240	610	20260
	7180	892	63660

		Verd. Eiweiß und Amid kg	Fett kg	Stickstofffreie Stoffe kg
	Uebertrag	7180	892	63660
32 Tons	Hafer	2660	1280	15000
20 =	Kleie	2200	570	9400
60 =	Bohnen	13200	840	30000
220 =	Magermilch	7700	660	11000
40 =	Spreu	600	300	11000
18 =	Hülsen	900	200	6000
	Summa	34440	4742	146060

Es könnten damit reichlich 350 Schweine von je 3 Zentner Lebendgewicht aufgezogen werden. Ueber ein Beispiel einträglicher Schweinemast berichtet die Deutsche landwirthschaftliche Presse 1894, S. 153. Es wurden Schweine im Alter von 6 bis 8 Wochen gekauft und 10 Monate gefüttert, wonach sie ein Lebendgewicht von je 3 Zentner erreichten. Es wurde in 4 Abtheilungen zu je 8 Schweinen gefüttert und zwar erhielt täglich:

	Molken Liter	Magermilch Liter	Gerstenschrot Pfund	Futtermehl	Kartoffeln Pfund	Erbsen Pfund
1. Abtheilung	8	8	4	8	12	0
2. =	16	8	4	10	24	0
3. =	32	0	8	16	48	0
4. =	24	8	8	16	60	6
Summa	80	24	24	50	144	6
Somit in 300 Tagen	24000	7200	7200	15000	43200	1800
pro Stück	750	225	225	469	1350	56¼

Diese Stoffe enthalten in kg

	Verd. Eiweiß	Fett	Stickstofffreie Stoffe
225 l Magermilch	7,8	0,6	11,2
750 = Molken	6,0	0,7	37,0
234,5 kg Futtermehl (Roggenfuttermehl?)	24,8	5,4	125,0
675 = Kartoffeln	10,8	0,5	141,7
28¼ = Erbsen	5,6	0,4	14,9
112,5 = Gerstenschrot	7,8	2,1	71,4
Summa	62,8	9,7	401,2

Nun mögen Ferkel von 6 bis 8 Wochen bereits ca. 15 bis 20 kg gewogen haben. Zu deren Aufzucht, resp. für die Zucht der Mutterthiere wird man daher wohl mindestens ⅒ des Futterquantums, welches für die weitere Aufzucht, resp. Mast in Betracht kam, rechnen müssen, jedoch mit Erhöhung des Eiweißantheils. In unserer Wirthschaft hatten wir jedoch 34720 kg Eiweiß, 4742 kg Fett und 146060 kg Kohlehydrate, somit, wenn wir nur 350 Schweine aufzüchten, pro Stück 99,2 kg Eiweiß, 13,5 kg Fett und 417,3 kg

Kohlehydrate. Sollte also das von der deutschen landwirthschaftlichen Presse angeführte Beispiel das Ergebniß ungewöhnlich günstiger
Bedingungen gewesen sein, so würde doch bei unserer angenommenen
Norm der Eiweißgehalt und Fettgehalt im Futter um ¼ höher sein,
somit wohl auch unter weniger günstigen Verhältnissen reichen.

Produzirt hätte man 350 × 150 = 52 500 kg Lebendgewicht, resp.
wenn wir 5 Prozent Verlust durch Seuchen annehmen, rund 50 000 kg.

Von den 31 800 kg Rindern werden wir unter der Annahme,
daß dieselben 57 Prozent Fleisch und Knochen am Fleisch liefern,
ca. 21 226 kg Fleisch erhalten,[42] ca. 7 Prozent Knochen = 2526 kg,
ca. 8 Prozent = 2844 kg Nieren-, Netz- und Darmfett. Die 50 000 kg
Schweine werden 78 Prozent Schlachtgewicht = 89 000 kg Fleisch
liefern. Dazu 6 Prozent = 3000 kg Netz-, Nieren- und Darmfett.
Das Netz-, Nieren- und Darmfett könnte vorzugsweise in der Seifen-
und Stearinkerzenfabrikation Verwendung finden.

c. Die Düngung.

Wir wollen nun zur Bodenstatik übergehen und den Bedarf
an Düngemitteln für die skizzirte Wirthschaft festzustellen suchen.
Die ganze Ertragsberechnung, namentlich die berechnete Fleisch- und
Milchproduktion, schwebt ja naturgemäß vollständig in der Luft,
wenn der Boden nicht so gedüngt wird, daß er die Futterstoffe in
der gedachten Höhe hervorbringen kann. Ausgeführt wurden aus
der Wirthschaft an den wichtigeren Pflanzennährstoffen in:

	Stickstoff ca. kg	Kali ca. kg	Phosphorsäure ca. kg
31 800 kg lebende Rinder	851	54	595
50 000 = lebende Schweine . . .	1000	90	440
120 Tons Weizen	2496	624	952
86 = Gerste	576	169	281
80 = Milch	162	51	60
2 600 kg Käse	110	5	39
Summa	5195	993	2367

Dagegen wird zurückgeliefert:

	Stickstoff	Kali	Phosphorsäure
20 Tons Kleie . . . . . ca.	448	306	538
12 = Träber . . . . =	360	24	190
Summa	808	330	728
Reinverlust	4187	663	1639

Von diesem Verlust könnten noch ca. 800 bis 900 kg Phosphorsäure in den zurückzuliefernden Knochen, resp. Knochenmehl ersetzt

---

[42] Vergl. die Angaben über Schlachtgewicht in Menzel und Lengerkes
Kalender, 1897, Theil II, S. 11.

werden. Um jedoch hohe Ernten zu erzielen, würde es durchaus nicht genügen, wenn man blos die dem Boden entzogenen Stoffe ersetzte. Vielmehr wird ja heute auf allen intensiv bewirthschafteten Gütern im Ueberschuß gedüngt, namentlich was Phosphorsäure anlangt. Was zunächst die Wiesen anlangt, so werden in 480 Tons Heu dem Boden entzogen ca. 7440 kg Stickstoff, 7680 kg Kali und 1984 kg Phosphorsäure. Dieselben brauchen lediglich Kunstdünger zu empfangen und zwar nur Phosphorsäure und Kalidünger, der ganze Stickstoffverlust kann durch die auf den Wiesen vorkommenden Leguminosen aus der Luft gedeckt werden. Man brauchte also ca. 59 Tons Kainit von 13 Prozent Kaligehalt und 10,7 Tons Thomasschlacke von 18 Prozent Phosphorsäuregehalt zu geben. Zur Erzeugung von Maximalernten, wie wir sie angenommen, wird man aber ca. 50 Prozent Ueberschuß geben müssen, wie es namentlich auch Professor Maercker empfiehlt.[43] Es werden also ca. 90 Tons Kainit und 16 Tons Schlacke zu geben sein, bestes Heu, namentlich Marschheu hat ja auch einen bedeutend höheren Gehalt an Kali und Phosphorsäure als gewöhnliches Wiesenheu; ersteres enthält nach Wolff 2,7 Prozent Kali, 0,53 Phosphorsäure, letzteres 1,6, resp. 0,43 Prozent. Selbstredend sind die Wiesen außerdem noch künstlich zu bewässern. Wir werden nun, unter Benützung der Lierke'schen Düngetafeln, den Verlust des Ackerfeldes an Pflanzennährstoffen berechnen. Es wurden annäherungsweise bei den von uns angenommenen Ernten entzogen in kg:

pro ha	Kali	Phosphorsäure	Stickstoff	Insgesammt	Kali	Phosphorsäure	Stickstoff
Weizen .	46	36	88	40 ha	1840	1440	3520
Gerste . .	67	37	80	20 =	1840	740	1600
Hafer . .	108	40	100	20 =	2160	800	2000
Klee . .	228	63	230*	40 =	9120	2520	(9200)*
Bohnen .	130	50	190*	20 =	2600	1000	(3800)*
Kartoffeln	124	36	77	10 =	1240	360	770
Rüben .	295	51	129	5 =	1475	255	645
Raps . .	95	58	113	5 =	475	290	565
				Summa	20250	7405	9090

Das in den Leguminosen enthaltene, mit * bezeichnete Stickstoffquantum wurde nicht in die Rechnung einbezogen, weil diese Pflanzen ihn aus der Luft entnehmen können. Im Stallmist müßten nun rein theoretisch alle diese Stoffe wieder enthalten sein, abzüglich des oben konstatirten, durch die Ausfuhr von Nahrungsmitteln bedingten Reinverlustes von 4187 kg Stickstoff, 663 kg Kali, 1639 kg

---

[43] Maercker, Die Kalidüngung, Berlin 1892, S. 30; Mentzel und Lengerkes Kalender 1897, Theil II, S. 68.

Phosphorsäure, jedoch zuzüglich der Bestandtheile des Wiesenheus. Man hätte also theoretisch für den Stalldünger:

	Kali kg	Phosphorsäure kg	Stickstoff kg
	20 250	7405	9 090
+ Wiesenheu	7 680	1934	7 440
Leguminosenstickstoff (Klee und Bohnen)			18 000
	27 930	9339	29 530
Ab Reinverlust	663	1639	4 187
	27 267	7700	25 343

Bei der Düngerbereitung ergeben sich Verluste, die namentlich bei Stickstoff auf 25 Prozent und höher ansteigen können. Wird jedoch Kainit oder Superphosphat eingestreut, so würden sich dieselben auf ein Minimum reduziren lassen und wir hätten immerhin 2½ Mal mehr Stickstoff, als dem Boden entzogen wurde. Indessen wird ja die Ausnützung des Stallmiststickstoffes nach den neueren Untersuchungen von Paul Wagner nur zu 45 Prozent von der des Salpeterstickstoffes angenommen und auch von dem letzteren werden nur 70 Prozent ausgenützt."[44] Die eigentliche Verhältnißzahl wäre also 31,5 : 100 und wir hätten $\frac{25\,000}{100} \times 31,5 == 7875$ kg

ausnutzbaren Stickstoff dem Boden wiedergegeben, während 9090 kg erforderlich sind. Alsdann ist zu berücksichtigen, daß ja die Kleestoppeln und Wurzeln ebenfalls Stickstoff enthalten (nach Weiske ca. 214 kg pro ha), daß außerdem im Regenwasser ca. 7 bis 8 kg pro ha Stickstoff niederkommen und daß namentlich die Wicken- und Serradellagründüngung bedeutende Stickstoffmassen liefern könnte, so daß wohl ein Bedarf von Salpeterdünger ausgeschlossen wäre. Allerdings wird heute von den bedeutendsten landwirthschaftlichen Autoritäten zur Erzielung von Maximalernten eine schwache Salpeterdüngung, etwa 100 bis 150 kg pro ha, für die schnellere Entwicklung der Pflanzen zu Beginn der Wachsthumsperiode für nützlich gehalten, auch wenn starke Stall= oder Gründüngung erfolgt ist. Wir haben ja aber noch nicht eigentliche Maximalernten angenommen und man würde höchst wahrscheinlich ohne Nachhülfe von Salpeter auskommen. Jedenfalls müßte sich der Sozialstaat einer Abhängigkeit vom Auslande entschlagen, und die chilenischen Salpetervorräthe sollen auch nur ca. 1600 Millionen qu (160 Millionen Tons) betragen und bei gleichbleibender Ausbeute in dreiunddreißig Jahren erschöpft werden können."[45] Sollte nun Stickstoffdünger doch unentbehrlich sein, so könnte er ja in ausreichender

[44] P. Wagner, Die Stickstoffdüngung, 1892, S. 255.
[45] Vergl. Globus 1897, S. 52.

Menge bei der Steinkohlengasbereitung als Ammoniak gewonnen werden.

Was die Beschaffung von Mineraldünger anlangt, so ist Deutschland in Bezug auf Kalisalze außerordentlich bevorzugt. Allein in den Salzlagerstätten des preußischen Fiskus sollen an 82 Milliarden Tons Kali und Magnesiasalze vorhanden sein.[46] Rechnen wir nun auch die Kalisalze nur zu ¼ davon, so würden doch die Vorräthe unter allen Umständen für Jahrtausende reichen, auch wenn der Jahresbedarf 90 bis 100 Tons pro Betrieb, zusammen 9 bis 10 Millionen Tons beträgt. Weit schwieriger ist schon die Beschaffung der Phosphorsäure. Nennenswerthe Phosphoritlager besitzt Deutschland nicht, es wäre angewiesen, sich in der Hauptsache mit Thomasschlacke und Knochenmehl zu begnügen. 1893 wurden in Deutschland produzirt ca. 600 000 Tons Thomasschlacke. Wenn nun auch die Eisen= und damit die Schlackenproduktion in Zukunft sich verdoppeln könnte, so würde das doch noch nicht einmal zur Düngung der Wiesen ausreichen. Wir brauchten ja pro Betrieb 16 Tons Schlacke, somit im Ganzen 1,6 Millionen Tons. Man wird also, auch wenn man die künftige Thomasschlackenproduktion zu 1,2 Millionen Tons anschlägt, doch noch gezwungen, die ca. 400 000 Tons Knochenmehl den Wiesen zu geben. Ob dann die Ackerfelder, lediglich mit Stallbung versehen, die angenommenen hohen Ernten liefern könnten, auch wenn der Stallbünger einen kleinen Ueberschuß an Phosphorsäure enthält (ca. 5 Prozent), könnte fraglich erscheinen. Sicherer wäre es, noch ca. 15 bis 20 Tons Superphosphat pro Betrieb (2000 bis 2600 kg Phosphorsäure) zu geben, also im Ganzen 1½ bis 2 Millionen Tons. Dazu wären ca. ¾ bis 1 Million Tons Rohphosphate und ebenso viel Schwefelsäure nöthig. Die Beschaffung von Schwefelsäure würde nicht schwierig sein, sind doch an Schwefelkies überall reiche Lagerstätten vorhanden. In Betreff der Rohphosphate bliebe wahrscheinlich nichts übrig, als sie von anderen Staaten vertragsweise, z. B. im Austausch gegen Kalisalze zu erhalten suchen. Reiche Phosphoritlager besitzt namentlich Nordamerika in Nordcarolina und Florida. Noch reicher dürften die Phosphatlager in Algier sein, wo allein bei Tebessa ca. 200 Millionen Tons vorhanden sein sollen. Außerdem könnte in Zukunft in ausreichenderem Maße künstliche Bewässerung angewandt und dadurch ein bedeutender Theil der heute nutzlos ins Meer abfließenden, im Wasser aufgelösten Mineralstoffe dem Boden wiedergegeben werden, womit dann natürlich der Düngebedarf sich verringern müßte.

---

[46] Meitzen, Der Boden des Preußischen Staates, Band V, 1894, S. 622; Pfeiffer, Handbuch der Kaliindustrie, Braunschweig 1875, S. 5, 6 und 14.

d. Die Bodenbearbeitung und die Erntearbeiten.

Wie früher bemerkt, sind auf 10 Wirthschaftshöfe 5 elektrische Pflugapparate vorhanden, resp. auf 2 Höfe ein Apparat, dessen Leistungen beim Tiefpflügen (35 cm) zu 5 ha, beim Flachpflügen (18 bis 25 cm) somit wohl zu 6 ha, beim Stoppelschälen mit dem achtschaarigen Umwendepfluge zu 10 bis 12 ha täglich zu rechnen sein werden.[1] Es wären alsdann nach der Aberntung der Winterung event. 3½ Tage zum Umbrechen der Winterstoppel erforderlich und 2⅓ Tage zum nachfolgenden Drillen von Wicken u. s. w. Das Umbrechen der Kleestoppel erfordert darauf ebenfalls ca. 3 Tage. Darauf wäre der Stalldünger aufs Feld zu führen und alsdann einzupflügen (auf gewöhnliche Tiefe), wozu ca. 6 Tage erforderlich wären. Darauf könnte mit der Dampfkrümmerwalze über das Feld gefahren und alsdann die Winterung gedrillt und geeggt werden (ca. 6 Tage im Ganzen). Die gesammte Arbeit für das Umbrechen der Winterstoppel und Bestellung der Winterung erfordert also ca. 21 Tage, resp. für einen Apparat 42 Tage, welche von Mitte Juli bis Anfang September zu leisten wären. Später, im September, wären noch die 15 ha Hackfruchtfeld und 5 ha Raps, sowie die 20 ha Bohnenfeld tief umzupflügen (7 Tage), sowie die zur Gründüngung bestimmten, in die Winterstoppel gesäten Wicken resp. Serradella einzupflügen, bei 40 ha ca. 8 Tage, für einen Apparat wären also $(7 + 8) \times 2 = 80$ Tage, im Ganzen in der Herbstperiode $42 + 80 = 72$ Tage zu leisten.

Im Frühjahr hätte der Apparat die 60 ha, welche mit Sommerung und Hackfrucht bestellt werden sollen, zu grubbern (ca. 5 Tage), darauf noch drillen, eggen und nachwalzen, wozu weitere 5 Tage erforderlich wären (diese drei Operationen können in eine vereinigt werden). Allenfalls wäre noch die Winterung zu walzen (ca. 2½ Tage). Die gesammte Frühjahrsarbeit für einen Apparat würde also $5 + 5 + 2½) \times 2 = 25$ Tage dauern. Im Laufe des Jahres dürfte der Apparat rund 100 Tage in Thätigkeit sein können. Werden jedoch 6 Pferde gehalten, so dürften im Frühjahr, wo sie kaum anderweitige Benützung für Fuhren und dergleichen finden, die Feldarbeiten ganz oder doch zu ⅔ mit denselben bewerkstelligt werden können.

Für die Erntearbeiten könnten 2 Getreidemähmaschinen mit Selbstbindevorrichtung angewandt werden. Nach den sehr vorsichtigen Angaben v. d. Goltz' braucht man allerdings für einen einzigen

---

[1] Nach den Angaben von Wüst, Landw. Maschinenl., 2. Aufl., 1889, S. 216, betrugen die Leistungen eines 20pferdekr. Apparates auf Bellye in den siebziger Jahren im Durchschnitt bei 13stündiger Arbeit: 6 ha beim Tiefpflügen (35 cm); 6,8 beim gewöhnlichen Pflügen (20 bis 25 cm); 11,3 beim Grubbern, 15 beim Eggen. Neuere Apparate sind jedoch um ⅕ leistungsfähiger.

Selbstbinder 6 Pferde, wenn im Wechselgespann (zu je 3 Pferden) gearbeitet wird und betragen dabei die Leistungen im Mittel blos 4 ha täglich.[2] Dagegen berichtet Rudolph Meyer, daß in Nordamerika die normale Leistung eines mit 3 Pferden bespannten Selbstbinders zu 6 ha gerechnet werde[3] — das wäre genau die dreifache Leistung! Nach Detlen ist ebenfalls die gewöhnliche Leistung eines mit 3 bis 4 Pferden bespannten Selbstbinders in Dacota 14 bis 15 Acres (5,6 bis 6 ha).[4] Rechnen wir, daß ein jeder mit 3 Pferden bespannter Selbstbinder sich nur 8 Stunden in Thätigkeit befindet, so werden die Pferde jedenfalls nicht gewechselt werden müssen und könnten bequem 8 ha fertig bringen. Für die 40 ha Winterung wären also mit 2 Selbstbindern und 6 Pferden etwa Ende Juli höchstens 7 Tage erforderlich, desgleichen für die 60 ha Hafer, Gersten und Bohnen im August 10 Tage. Es werden dann, außer je einem Arbeiter auf der Erntemaschine, je 2 Arbeiter nöthig sein, um die Garben in Mandeln zu setzen. Was das Einführen der Garben anlangt, so könnte bei der geringen mittleren Entfernung von 560 m ein gewöhnlicher mit 2 Pferden bespannter Erntewagen mindestens 10 bis 12 Mal täglich je 20 Zentner Garben vom Felde einführen. Es werden dann 8 Gespanne ca. 30 bis 36 Tons Garben einführen können, also mindestens 4 ha täglich. Im Ganzen wären dann zum Einführen der Garben ca. 25 Tage nothwendig, dabei außer den 8 Pferdegespannen noch je 3 Mann zum Auf- und eben so viele zum Abladen. Die Getreideernte erforderte also 41×6=246 Pferde- und 16×6+25×9 = 321 Mannstage. Allerdings ist bei der sehr starken Stalldüngung, die in unserer Wirthschaft gegeben wird, starke Lagerung des Getreides zu gewärtigen, doch brauchte man deswegen nicht zum Handmähen zu greifen, wie es bis jetzt selbst in den vorgeschrittensten Betrieben praktizirt worden ist, die Einführung des Aehrenhebers bei dem Selbstbinder, die erst in den letzten zwei Jahren stattgefunden hat, ermöglicht das Maschinenmähen auch bei stark gelagertem Getreide.[5]

Für das Aufnehmen von Kartoffeln und Rüben werden hoch gerechnet 10 Arbeitstage pro ha Kartoffelland und 16 Tage pro ha Rüben erforderlich sein, zusammen ca. 10 × 10 + 5 × 16 = 180 Arbeitstage. Das Auspflügen derselben dürfte allenfalls ca. 80 Pferde- und ebensoviel Mannstage erfordern, es könnten die Kartoffeln und Rüben auf dem Felde in Miethen eingelagert und im Laufe des Winters eingeführt werden.

[2] Menzel und Lengerkes Kalender, 1897, S. 150.

[3] Neue Zeit, 1894/95, S. 438.

[4] Detlen, Nordamerikan. Landwirthschaft, Berlin 1893, S. 174.

[5] Vergl. z. B. Illustrirte Landwirthschaftl. Zeitung, 1897, S. 416.

Es kommt nun für die Herbstarbeitsperiode das Düngerführen in Betracht. Wir haben zunächst annäherungsweise die Menge des Stalldüngers zu bestimmen. Es werden verfüttert ca. 208 Tons Getreide, 240 Tons Sommerstroh, 960 Tons Heu und Heuwerth im Grünfutter und 40 Tons Spreu. Für diese vier Nahrungs= stoffe beträgt der Trockensubstanzgehalt ca. 85 Prozent, es wären also $(960 + 240 + 208 + 40) \times \frac{85}{100} = 1230{,}8$ Tons Trockensubstanz.

Die 90 Tons Futterkartoffeln und 350 Tons Rüben liefern weitere 64,5 Tons Trockensubstanz. Das eingestreute Winterhalmstroh war zu 200 Tons angesetzt. Es wären daher an Stallmist vorhanden nach der gewöhnlichen Formel

$$4 \times \left(\frac{\text{Trockensubst. d. Futters}}{2} \right) + \text{Trockensubst. d. Streu} = 4 \times \left(\frac{1295}{2} + 200 \right)$$

$= 3395$ Tons an frischem, resp. ca. 2800 Tons an verrottetem Dünger. Die Hälfte davon käme nun zur Winterung im Herbste auf die Felder, also ca. 35 Tons pro ha. Zum Ausführen des Düngers wäre zweckmäßig eine Feldeisenbahn zu benutzen. Es könnten dabei erstens zwei Pferde vollauf genügen, um 80 Tons in einem Tage auszuführen, und sodann wäre, weil die Wägelchen niedrig sein können, viel weniger Arbeit zum Auf= und Abladen erforderlich, als bei den gewöhnlichen hohen ungeschlachten Düngerwagen. v. d. Goltz rechnet, daß 1 Mann und 1 Frau nur 8 bis 9 Fuder à 20 Zentner täglich auf= und abladen können.[0] Die Zuckerfabriks= ökonomie Lundenberg zahlte beim Akkordarbeiten für das Aufladen eines Düngerkorbes von 100 kg 0,6 Pfennig, für das Abladen und Ausbreiten inkl. Schienenverlegen 0,8, zusammen 1,4 Pfennig. Wenn daher der Verdienst eines Arbeiters nur zu 1,4 Mk. gerechnet würde, so hätte doch ein solcher ca. 10 Tons Dünger aufgeladen und aus= gebreitet, mehr als das Doppelte der von v. d. Goltz angenommenen Leistungen. Es dürften danach für eine Tagesleistung von 80 Tons sowohl 4 Mann zum Aufladen, 2 zum Düngerführen und 5 bis 6 zum Ausbreiten und Schienenverlegen genügen und das fragliche Düngerquantum von 1400 Tons in ca. 18 Tagen bewältigt werden.

Wir hätten also während der bringendsten Herbstarbeitsperiode außer dem elektrischen Bodenbearbeitungsapparat nöthig für:

die Getreideernte	246 Pferdetage	und	321 Mannstage
Hackfruchternte	30	=	210 =
Düngerführen	48	=	216 =
	324 Pferdetage	und	747 Mannstage.

---

[0] Menzel und Lengerkes, 1897, S. 151.

Rechnen wir 12 ständige Arbeiter, so könnten dieselben sehr bequem fertig werden, da sie nur ca. 62 Tage in Arbeit wären und man gewöhnlich die Herbstarbeitsperiode etwas länger ansetzt.

Es ist noch das Ausdreschen des Getreides zu berücksichtigen. Dasselbe könnte nach Beendigung der Feldarbeiten, etwa von Anfang bis Mitte Oktober an, stattfinden und auch ca. 60 Tage beanspruchen. Die 12 Mann könnten zur Bedienung einer mittleren Dreschmaschine, die täglich ca. 6 Tons Körner ausdrischt und einen 5= bis 6pferdekräftigen Motor erfordert, wohl ausreichen. Für die erste Heu= und Kleeernte wären die 6 Mann und 12 Pferde von Mitte Juni bis Ende Juli wohl mehr als ausreichend. Die zweite Heuernte hätte allerdings im August stattzufinden, doch wären ja dazu bei 40 ha Wiese und einer Tagesleistung der Grasmäh=maschine von 4 ha drei Tage à 6 Pferde und ebensoviel Mann genügend. Allerdings ist ja das Heu wiederholt zu wenden, drei bis vier Heuwender drei weitere Tage angewandt, würden auch dazu ausreichen. Das Wiesenheu wäre auf der Wiese selbst in Feimen aufzustapeln und im Winter einzuführen, im Sommer nur das leichter erreichbare Kleegras zu füttern.

Es ist weiter das Behacken der Sommerung und der Hack=frucht zu berücksichtigen, welches zur Unterdrückung des Unkrautes in allen intensiven Wirthschaften geübt wird. Hier fällt nun ins Gewicht, daß bei gleichzeitigem, gemeinsamen Vorgehen aller land=wirthschaftlichen Betriebe das Unkraut zweifellos bedeutend leichter eingeschränkt werden könnte. Zunächst müßte eine sorgfältige Reinigung nicht nur des Saatgutes, sondern gerade auch des zu ver=fütternden Getreides vorgenommen und dadurch die Hauptquelle der Verunkrautung der Felder beseitigt werden, indem ja der Same vielfach unverdaut durch den Darmkanal der Thiere geht und mit dem Dünger aufs Feld gelangt. Wir werden jedoch zunächst einen starken Arbeitsbedarf für die Hackarbeiten annehmen, und zwar je 16 Arbeitstage pro ha Gerste=, Raps= und Haberfeld sowie die Hack=früchte, und 10 Tage pro ha Bohnen. Alsdann kommen wir auf $65 \times 16 + 20 \times 10 = 1240$ Arbeitstage. Die 12 ständigen Arbeiter dürften im Mai und Anfang Juni frei sein, im Ganzen an ca. 40 Tagen; man hätte also damit $40 \times 12 = 480$ Arbeitstage, so daß noch 760 zu decken bleiben. Es werden zu diesem Behufe der Indu=strie während ca. 2 Monaten die fehlenden 15 Arbeiter oder noch besser Arbeiterinnen pro Betrieb entnommen werden müssen, eventuell könnte auch ein Aufgebot der Schuljugend für diese Zwecke stattfinden.

Schließlich müßte auch an künstliche Bewässerung nicht nur der Wiesen, sondern auch der Ackerfelder gedacht werden. Aller=dings richten ja in Deutschland Dürren nicht den Schaden an, wie in trockenen Gebieten, immerhin erleidet die Klee=, Hackfrucht= und mitunter selbst Getreideernte oft einen bedeutenden Ausfall. Es müßten daher an der tiefsten Stelle des Wirthschaftshofes ein oder mehrere tiefe Teiche angelegt werden, denen man eventuell während einer Trockenperiode Wasser für die Felder entnehmen könnte. Am nöthigsten könnte sich die Bewässerung im Mai und Juni erweisen, zum Theil auch im Juli, und gerade während dieser Zeit würde ja aus der elektrischen Zentrale leicht die nöthige Triebkraft zum Aufpumpen des Wassers auf die Felder abgegeben werden können, da die Pflug= 2c. Arbeiten dann ruhen. Werden z. B. auch nur auf 1 Prozent des Gesammtareals ca. 5 m tiefe Teiche angelegt, so hätte der Landwirth damit gleichsam 2 starke Regentage (von je 25 mm Regenhöhe für das gesammte Ackerfeld) in Reserve und hätte kaum noch Trockenheit zu befürchten. Es müßte natürlich das Landgut vollständig drainirt sein und die Drainröhren ge= rade in die fraglichen Teiche einmünden, dadurch hätte man bei der Bewässerung zugleich ein an mineralischen Pflanzennährstoffen reiches Wasser. Allerdings müßte von den Teichen aus durch das ganze Gut ein Netz von eisernen oder aus glacirtem Thon ver= fertigte Wasserleitungsröhren gelegt werden. Eine Maschinenkraft von 40 Pferdestärken, wie sie der elektrische Pflugapparat abgeben könnte, würde vollauf genügen, um in 24 Stunden 10000 cbm Wasser auf eine Höhe von 25 m zu heben, was auch bei hügeliger Beschaffen= heit des Geländes in den meisten Fällen ausreichen würde. Damit könnten 40 ha Land 25 mm hoch überfluthet werden, somit in acht Tagen 320 ha = der Größe zweier Betriebe, für die ein Apparat vorhanden ist.

Was die Viehwartung anlangt, so wird man für die ca. 800 Mastschweine, die jährlich aufgezogen werden, 3 Wärter zu rechnen haben, für die ca. 100 Stück an Kälbern und jungem Rind= vieh 2 Wärter. Für die 120 Milchkühe dürften 7 Wärter vollauf genügen, da alsdann auf 17 Kühe ein Wärter kommt und solches selbst in deutschen landwirthschaftlichen Handbüchern für möglich gehalten wird. In Amerika kommt auf großen Milchfarmen erst auf 20 Kühe 1 Wärter, vereinzelt bekommt ein Wärter noch mehr Kühe zu besorgen,[7] wobei streng auf gutes Ausmelken gesehen wird. Im Ganzen kämen sonach für die Viehwartung 12 ständige Arbeiter in Betracht. Die landwirthschaftlichen Arbeiten beanspruchten eben= soviele, wir hätten also einen Gesammtbedarf von 24 Arbeitern pro Betrieb, im Ganzen für 100 000 Betriebe 2,4 Millionen, wozu noch während 2 Monaten ca. 1,5 Millionen Arbeiterinnen kämen, auch könnten ständig 2 weibliche Arbeiter für Essenbereitung 2c. gerechnet werden. Außerdem wurde auf 10 Betriebe eine elektrische Zentrale

---

[7] Oetken, Amerikan. Landwirthschaft, S. 630.

gerechnet, die insgesammt, inkl. der Pflüger, 20 Arbeiter benöthigt, für 10000 Zentralanlagen somit 200000 Arbeiter. Doch dürften die letzteren, da sie nur an ca. 100 Tagen ständig beschäftigt sind, einen Theil des Jahres anderweitig verwandt werden können, da die Reparatur= 2c. Arbeiten an Pflügen, Leitungen 2c. wohl nicht alle restirenden 200 Arbeitstage in Anspruch nehmen würden. Auch wenn man berücksichtigt, daß eine kleinere Maschine von ca. 100 Pferdekraft täglich für einige Stunden geheizt werden müßte (für die kleineren Wirthschaftsmaschinen und elektrische Beleuchtung), so wären dazu kaum 2 bis 3 Arbeiter ständig erforderlich. Insgesammt kommen wir für die Landwirthschaft auf 2600000 ständige männ= liche und 200000 weibliche Arbeiter und ca. 120000 landwirthschaft= liche und technische Betriebsleiter. Dagegen waren nach der Berufs= zählung vom 14. Juni 1895 in der deutschen Landwirthschaft thätig 8156145 Personen! Wir können also, wenn wir die 1,5 Mil= lionen Arbeiterinnen für die 2 Monate gleich 250000 Jahres= arbeitern rechnen, einen Abstrich von über 60 Prozent im Arbeiterbedarf der Landwirthschaft machen und dabei noch die Produktion, dem Werthe nach, etwa verdoppeln, während Hermann Losch, allerdings ohne jedes genauere Eingehen, die Ersparniß bei gleichbleibender Produktion nur zu 25 Prozent schätzte. In dem von uns gezeichneten Betriebe waren dabei noch durchaus nicht alle technischen Vervollkommnungen angewandt, die schon heute möglich sind oder doch in nächster Zukunft zweifellos werden durchgeführt werden. So würde bei einer Anwendung der Melkmaschine von Murchland oder Thistle, mit der endlich das Problem des Maschinenmelkens gelöst zu sein scheint, höchstens 2 Melker für die 120 Kühe nöthig und anstatt 7 wohl 3 bis 4 Wärter für die Pflege der Kühe genügen.[8] Alsdann könnte das Mähen wohl mittelst einer Mähdreschmaschine bewerkstelligt werden, die in gleicher Weise, wie die Pflüge, mittelst Elektrizität an einem Drahtseil über das Feld gezogen werden könnte. Mäh= dreschmaschinen sind in Kalifornien allgemein im Gebrauch und werden daselbst von 20 bis 30 Pferden oder Maulthieren über das Feld gezogen; in Argentinien sollen Versuche gemacht werden, Dampfmähdreschmaschinen zu konstruiren.[9]

---

[8] In Fritzow sollen 2 Personen mit der fraglichen Maschine inner= halb 45 Minuten 82 Kühe rein gemelkt haben; vergl. Fühlings Landwirth= schaftliche Zeitung 1896, S. 527; vergl. auch über Murchlands Melk= maschine die Illustrirte Landwirthschaftliche Zeitung 1897, Nr. 58.

[9] Vergl. Mittheilungen der Deutschen Landwirthschaftsgesellschaft, 1896, Stück 15, S. 7.

Die Industrie.

Die industriellen Etablissements müssen natürlich die vervoll=
kommnetsten und modernsten Einrichtungen besitzen. Es werden da=
her wohl die meisten Fabrikanlagen ebenfalls neu herzustellen sein.
Die Erfinderpatente können abgelöst werden in der Art, daß den
Inhabern derselben eine bestimmte Werthquote der nach ihrem
Patent innerhalb einer gewissen Zeit, z. B. den ersten zehn Jahren,
herzustellenden Gegenstände gezahlt wird. Ein jeder Fabrikleiter muß
außerdem das Recht und die Möglichkeit haben, in seiner Branche neue
Erfindungen zu versuchen, d. h. es muß ihm alljährlich dazu ein ge=
wisser Fonds bewilligt werden. Natürlich darf man die Maschinen und
Einrichtungen nicht, wie es gegenwärtig in staatlichen Betrieben Regel
ist, veralten lassen, sondern man muß eine hohe Amortisations= und
Abnutzungsquote festsetzen, die dem Betriebsleiter gestattet, in höchstens
zehn Jahren die ganze Einrichtung neu zu gestalten. Alsdann werden
die Klagen über unbefriedigende Leistungen der Staatsbetriebe wohl
aufhören. Vor Allem ist natürlich der Verwaltungsmechanismus zu
vereinfachen, es darf nicht womöglich für jeden neu einzuschlagenden
Nagel erst die Genehmigung der vorgesetzten Behörde eingeholt
werden, sondern der Fabrikleiter muß mindestens für einige Jahre
einen festen Fonds im Voraus bewilligt erhalten, innerhalb dessen
er frei schalten und walten darf und dafür auch voll verantwort=
lich ist. Für Leistungen, welche die vorausberechneten Normal=
leistungen übersteigen, müssen selbstredend Prämien festgesetzt werden.
Und was die Arbeiter anlangt, so werden dieselben, wenn sie genau
wissen, eine wie große Normalleistung in jeder Branche nothwendig
ist, um die staatliche Pension zu erlangen, sich schwerlich aufs Faul=
lenzen verlegen, sondern im Gegentheil bestrebt sein, durch höhere
Leistungen die nothwendige Arbeitszeit zu verkürzen. Ein Vergleich
mit einem Sklavenstaat ist alsdann völlig unberechtigt: die Leistungs=
fähigkeit des Sklaven ist gering erstens, weil er gewöhnlich dürftig
ernährt wird, namentlich aber, weil er weiß, daß er mit höheren
Leistungen doch nicht für sich, sondern blos für seinen Herrn schafft
und die Aussicht hat, sein Leben lang Sklave zu · bleiben. ·Alle
die Vortheile, welche man dem heutigen System der freien Konkur=

renz nachrühmt, äußerste Kraftentfaltung jedes Einzelnen, sind im Sozialstaat bei einigermaßen vernünftigen Einrichtungen ebenfalls zu erreichen, wohl aber können die Nachtheile der Jetztzeit, die Unsicherheit und Dürftigkeit des Erwerbs für die nicht wohlhabenden Klassen vermieden werden. In allen Betrieben hätte völlige Oeffentlichkeit zu herrschen und es müßten die Rechenschaftsberichte der Fabrikleiter für Jedermann zugänglich sein.

Wir werden nun kurz die wichtigsten Industriebranchen durchgehen.

A. Die Industrie der Nahrungs- und Genußmittel.

1. Die Getreidemüllerei.

Nach der Berufszählung vom 14. Juni 1895 gab es im Deutschen Reich 103716 in der Müllerei beschäftigte Personen in ca. 26000 Mühlen. Hierin haben wir einen gewaltigen Abstrich zu machen. Wir hatten pro Wirthschaftsbetrieb 120 Tons Brotkorn berechnet, resp. insgesammt 12 Millionen Tons. Nun berechnet die „Mühle"[1] für eine Müllerei, in der 100000 kg = 100 Tons Getreide in 24 Stunden zu Mehl vermahlen werden, bei selbstthätiger Einrichtung außer dem Betriebsleiter 9 Menschen (1 Untermüller, 1 Walzenführer, 1 Griespuÿer, 1 Maschinenwärter, 8 Mehlsäcker, 1 Kleiensäcker, 1 Walzenriffler). Nehmen wir 8stündige Arbeitsschichten an, so kommen wir auf einen Bedarf von 27, inkl. des Betriebsleiters 28 Mann. Außerdem werden noch je 4, zusammen 12 Mann mit dem Speicherbetriebe beschäftigt sein müssen, da ja doch einige Vorräthe werden gehalten werden müssen. Zum Betriebe ist eine Triebkraft von mindestens 200 bis 250 Pferdestärken erforderlich. Da nun eine solche Mühle bei 300 Arbeitstagen jährlich 80000 Tons Getreide vermahlen könnte, so wären im Ganzen zu 12 Millionen Tons nur 400 Mühlen und 16000 Arbeiter, sowie eine Triebkraft von 100000 Pferdestärken erforderlich. Unter den jetzigen Verhältnissen wird in den deutschen Mühlen wohl mindestens die drei- bis vierfache Triebkraft und die sechs- bis siebenfache Menge Menschen in Anspruch genommen. Theilweise erklärt sich das auch daher, daß die Mühlen von heute ja nicht gleichmäßig arbeiten, sondern je nach Bedarf ihre Leistungen bald erhöhen, bald wieder einschränken müssen.

2. Die Bäckerei.

In der Bäckerei waren 1895 ca. 218602 Personen beschäftigt. Auch hier können Menschen gespart werden. Das Kneten des Teiges, Zerschneiden in einzelne Brote, Hineinschieben in den Ofen und

---

[1] Die Mühle, 1892, S. 379.

Herausziehen aus demselben wird ja in Brotfabriken durchweg von Maschinen besorgt. Indessen ist wiederum zu berücksichtigen, daß gegenwärtig ein großer Theil, vielleicht die Hälfte aller Haus= haltungen das Brotbacken selbst besorgen, was in Zukunft wegfallen dürfte. Die sehr gut eingerichtete Bäckerei des Vooruit in Gent backt wöchentlich mit Hilfe von 30 Bäckern ca. 70000 kg Brot, es entfallen also 885 kg Brot pro Bäcker und Tag.[²] In der Leipziger Militärbäckerei brachte es ein Mann zu 1200 Pfund Brot täglich, während im handwerksmäßigen Betriebe ein Bäckergehilfe nur 300 Pfund backen kann.[³] Eine Wiener Brotfabrik produzirte mit 8 Arbeitern täglich 2800 bis 3000 kg Brot und verbrauchte dabei 720 kg Kohlen.[⁴] In den letzteren Betrieben wurden jedoch nur große Brotlaibe hergestellt. Nehmen wir nun den künftigen Brot= konsum zu 10 Millionen Tons an, zu dessen Herstellung außer 7 Millionen Tons Mehl 2½ Millionen Tons Kohle benöthigt werden, so wären, unter Voraussetzung der Leistungen des Vooruit bei 300 Arbeitstagen, blos 100000 Arbeiter erforderlich. Eine sehr starke Konzentration der Brotfabrikation wäre jedoch unthunlich aus dem Grunde, weil alsdann die Vertheilung zu schwierig würde. Wir werden annehmen, daß in Deutschland rund 30000 Bäckereien erforderlich sein werden, in denen je 4 Arbeiter werden beschäftigt werden müssen, außerdem noch je 3 bis 4 Verkäuferinnen. Die Belästigung der Arbeiter durch Hitze wäre bei einer modernen Back= ofeneinrichtung, am besten Dampfbäckerei mit kontinuirlicher Heizung, keine sehr große.

3. Die Fleischerei.

In der Fleischerei waren 1895 beschäftigt 176671 Personen, und da der jährliche Fleischverbrauch zu 39,9 kg pro Kopf berechnet wird (siehe oben), so sind von diesen Personen ca. 2100 Millionen kg Fleisch, resp. ca. 12000 kg pro Person verarbeitet worden. Nach Sering konnten in den Schlächtereien der Firma Plankington & Armour in Kansas=City täglich 1300 Stück Rindvieh und 8000 Schweine geschlachtet und verarbeitet werden.[⁵] Beschäftigt waren bei vollem Betriebe 1200 bis 1300 Arbeiter und 25 Kontorbeamte. Rechnet man nun das Fleischgewicht eines Rindes zu nur 200 kg, das eines Schweines zu 100, so würde auf einen Arbeiter 800 kg verarbeitetes Fleisch täglich entfallen sein, resp. 240000 kg jährlich, das Zwanzig= fache der deutschen Leistungen! Andere Autoren geben die ameri=

[²] Brauns Archiv für soziale Gesetzgebung ꝛc., Band VI., S. 316.
[³] Bäcker= u. Konditorzeitung, 1884, Nr. 7 (citirt bei Losch a. a. O.).
[⁴] Schriften des Vereins für Sozialpolitik, Bd. 63, S. 403.
[⁵] Sering, Landwirthschaftliche Konkurrenz Nordamerikas, Leipzig 1887, S. 273.

kanischen Leistungen allerdings niedriger an. Nach Wittmack[6] schlachtete Armour 1892 überhaupt 1750000 Schweine, 850000 Rinder, 600000 Schafe und beschäftigte 8000 Angestellte, die zusammen 4 Millionen Dollars Lohn empfingen. Die obige Viehmenge dürfte kaum viel über 400 Millionen kg Fleisch geliefert haben, so daß nur 50000 kg pro Arbeiter kommen, immer noch das Vierfache der deutschen Leistungen. Halten wir uns an diese Norm, so würden wir insgesammt für unsere Zukunftsproduktion von 60000 kg Fleisch pro landwirthschaftlicher Betrieb ca. 120000 Arbeiter für ganz Deutschland benöthigen. Allerdings kommt hier, geradeso wie bei der Brotbäckerei, das Vertheilungsproblem in Betracht: sind 80000 Bäckerläden vorhanden, so müssen ebensoviel Fleischerläden da sein, die ebenfalls je ca. 4 Verkäuferinnen enthalten müßten. Am besten wären beide Arten Verkaufsläden zu vereinigen, damit die Verkäuferinnen sich bei größerem Andrang des Publikums gegenseitig aushelfen können, resp. ist noch ein Kolonialwaarenladen anzugliedern.

4. Die Bierbrauerei.

In der Bierbrauerei waren in Deutschland 1890/91 nach der Zeitschrift für Brauwesen (1892, S. 117) ca. 111000 Personen beschäftigt, welche 12,48 Millionen Doppelzentner Gerste, 17000 Doppelzentner Hopfen, 2,77 Millionen Tons Kohlen verbrauchten und dabei 52½ Millionen hl Bier produzirten.[7] Es entfielen also blos 472 hl Bier pro Arbeiter jährlich. Dagegen produzirte eine Brauerei in Kopenhagen mit 194 Arbeitern und 50 Tagelöhnern 290000 hl Bier jährlich,[8] resp. 1190 hl pro Arbeiter. Nach Dr. Voigt wurden 1882 in Karlsruhe in 7 großen Brauereien mit 124 Arbeitern 190000 hl Bier produzirt,[9] also 1540 hl pro Mann; 1893 wurden jedoch mit 406 Arbeitern blos 461000 hl Bier hergestellt, resp. 1138 hl pro Mann. Die Brauerei Löwenbräu in München produzirte 1889/90 mit 506 Arbeitern ca. 500000 hl Bier, und verbrauchte dabei 8000 Zentner Hopfen, 231000 hl Malz, 390000 Zentner Kohlen und Koaks;[10] die Spatenbrauerei verarbeitete 1889/90 ca. 242000 hl Malz, stellte also vermuthlich über 500000 hl Bier her. Beschäftigt waren daselbst 500 Arbeiter, davon jedoch nur 182 Braumeister und Brau-

---

[6] Wittmack, Amtlicher Bericht über die Chicagoer Weltausstellung, Berlin 1894, Einzelberichte S. 10.

[7] Nach der Berufszählung von 1895 gab es blos 87000 Brauarbeiter, allein die Zählung fand im Sommer statt, wo viele kleinere Brauereien feiern.

[8] Zeitschrift für Brauwesen, 1892, S. 28.

[9] Schriften des Vereins für Sozialpolitik, Band 64, S. 42.

[10] Kahn, Münchens Großindustrie, 1891, S. 72.

gefellen, 41 Maschinisten, Heizer und Ingenieure, 50 Fuhrknechte und Diener, 39 Verwaltungs= und Kontorbeamte; der Rest waren Maurer, Zimmerleute und Taglöhner.[11] Wir werden eine Produktion von 1500 hl pro Arbeiter als durchaus erreichbare Leistung ansehen und danach für eine künftige Gesammtprodultion von 120 Millionen hl Bier, etwa der 2¼fachen Menge des jetzt produzirten, rund 80000 Arbeiter annehmen und außerdem noch an Material 8,6 Mil=lionen Tons Gerste (je 36 Tons von 100000 landwirthschaftlichen Betrieben), 400000 Meterzentner Hopfen und 8 Millionen Tons Kohlen. Gerste ist alsdann sehr reichlich gerechnet, 30 kg pro hl, während gegenwärtig im Mittel kaum mehr als 20 kg verbraucht werden.[12]

5. Die Tabakfabrikation.

In der Tabalfabrikation waren 1895 beschäftigt 146719 Per=sonen. Der Tabakverbrauch wurde für 1893 im Deutschen Reiche zu 788090 Doppelzentnern berechnet. Der Konsum von Zigarren belief sich auf 5500 Mill. Stück, zu deren Herstellung allein 444000 Doppelzentner Tabak nöthig waren.[13] An Zigaretten wurden 600 Mill. hergestellt, für die 8000 Doppelzentner Tabak verbraucht wurden. Der Tabakkonsum belief sich somit auf 108 Zigarren und 12 Zigaretten pro Kopf der Bevölkerung. Der Arbeitslohn wird im Mittel zu 9,5 Mk. pro Mille Zigarren angegeben.[14] Die tägliche Leistung eines Zigarrenwicklers unter Beihilfe eines Vor=arbeiters giebt Losch nach Mährlen zu 600 Stück täglich an, was recht gut stimmen dürfte. Bei Monopolverwaltung glaubt Losch die Leistungen auf 700 Stück steigern zu können,[16] was beim Hand=betrieb allenfalls recht fraglich ist. Es giebt jedoch bereits Maschinen für die Zigarrenfabrikation. In Chicago war eine derartige Maschine ausgestellt, mittelst der eine Arbeiterin in der Stunde 200 bis 300 Wickel herstellte und zwar bei langer Einlage. Bei kurzer Einlage erhöhte sich die Leistung bedeutend. Eine andere Sorte von Maschinen versah, von einer Arbeiterin bedient, 300 bis 400 Zigarren stündlich mit Umblatt und Deckblatt.[16] Sonach wären bei Maschinenarbeit die 3= bis 5fachen Leistungen möglich gegenüber der reinen Hand=arbeit. Angenommen jedoch, daß die Maschinenarbeit doch nicht reüssirte und wir beim Handbetriebe bleiben müßten, so könnte die

---

[11] Kahn, Münchens Großindustrie, 1891, S. 64.
[13] cf. Statistisches Jahrbuch des Deutschen Reiches, 1897.
[13] Anlagen zu den Verhandlungen des Reichstags 1894/95, Band I, S. 587.
[14] Ebenda, S. 574,
[15] Losch, a. a. O., S. 94.
[16] Amtlicher Bericht der Chicagoer Ausstellung, S. 407.

Arbeiterzahl doch noch rebuzirt werden. Nehmen wir nun den Konsum auf 6500 Mill. Zigarren und 700 Mill. Zigaretten gestiegen an, so wären für die Zigarrenfabrikation bei Handarbeit ca. 72 000 Wickler und Vorarbeiter nöthig, und wenn man noch für die sonstigen Vorarbeiten 8 auf 50 mit dem Wickeln beschäftigte Personen rechnet,[17] insgesammt 83 520 Arbeiter. Für Zigarettenfabrikation werden im Handbetrieb 2, bei Maschinenarbeit 1 Mk. pro Mille Arbeitslohn gezahlt.[18] Es werden daher für 700 Mill. Zigaretten höchstens 1000 Arbeiter nöthig sein. Für die ca. 300000 bis 360000 Doppel= zentner Rauchtabak braucht man, wenn 100 Arbeiter in 4½ Tagen 100 Zentner fertigstellen,[19] höchstens 10 800 Arbeiter. Rechnen wir noch recht hoch für die Herstellung von Kau= und Schnupf= tabak 3000 Arbeiter, so sind im Ganzen 98 320, sagen wir rund 100 000 Tabakarbeiter erforderlich. Werden die Zigarren mittelst Maschinen hergestellt, so würde sich der Arbeiterbedarf auf 50000 herabsetzen lassen. Für die Tabakfabrikation könnten durchweg weib= liche Arbeiter in Betracht kommen; doch wäre es alsbann wünschens= werth, die Leistungen noch um ⅓ bis ¼ zu verkürzen, weil die Be= schäftigung keine sehr gesunde ist. Immerhin werden 125 000 weib= liche Arbeiter auch im Handbetriebe genügen.

Für die Zuckerfabrikation, die Herstellung von Alkohol und Liqueuren setzen wir vorläufig keine Arbeiter an, da deren Produktion in den Tropen stattfinden würde. Wir gehen zunächst über zur

B. Bekleidungsindustrie.

1. Die Schuhmacherei.

Nach der Berufszählung von 1895 gab es 402 686 in der Schuhmacherei beschäftigte Personen, noch 1882 hatte die Zahl 438 000 betragen. Im Handbetriebe kann ein Arbeiter im Durch= schnitt nur ein Paar Schuhe täglich fertig bringen, in den deutschen Schuhwaarenfabriken bringt man es unter Beihilfe von Maschinen auf 4 bis 5 Paar täglich, in den amerikanischen Fabriken wurde bereits 1875 im Staate Massachussets eine Jahresleistung von 2205 Paar pro Arbeiter erzielt. Gegenwärtig mögen in einer vor= züglich eingerichteten Fabrik 8 bis 10 Paar Schuhe pro Arbeiter die Grenze bezeichnen.[20] Nach dem Zensus von 1880 wurden in

---

[17] Losch, a. a. O., S. 94, nach den Anlagen des Reichstags 1882/83, S. 116, 117.

[18] Anlagen zu den Verhandlungen des Reichstags 1894/95, Band I, S. 574.

[19] Losch, nach Mährlen, a. a. O, S. 95.

[20] Francke, Die Schuhmacherei in Bayern, Stuttgart 1893, S. 38.

ben Vereinigten Staaten 126½ Millionen Paar Schuhe im Werthe von 875 Millionen Mk. angefertigt, also etwa 2½ Paar pro Kopf der Bevölkerung. Der Schuhwaarenkonsum in Deutschland wird von Sachkundigen auf 90 Millionen Paar Schuhe berechnet, also blos 1,8 Paar pro Kopf,[21] wobei das Leder 300, die fertige Waare 800 Millionen Mk. Werth haben sollen. Ein Paar Schuhe wiegen im Durchschnitt 0,8 kg. Eine Erfurter Schuhfabrik verbrauchte für eine halbe Million Schuhe 385 000 Pfund Unterleder (wohl Rinds= leder), 70 000 Pfund Roßleder, 37 500 Stück Kalbs=, 41 500 Ziegen= leder= und 75 000 Lammfelle.[22]

Legen wir unserer Berechnung den mittleren amerikanischen Schuhverbrauch, 2½ pro Kopf, zu Grunde und nehmen eine Be= völkerung von 60 Millionen an, so kommen wir auf 150 Millionen Paar Schuhe, welche im Maschinenbetriebe bequem von 60 000 Arbeitern (à 8 Paar pro Arbeitstag) hergestellt werden könnten. Für die Reparatur= und sonstigen Arbeiten werden wir noch weitere 20 000 Arbeiter postuliren. Der Lederverbrauch würde sich auf ca. 120 Millionen kg belaufen, ein Quantum, welches bei dem ver= größerten Viehzuchtsbetriebe fast vollständig im Inlande gedeckt werden könnte. Losch nimmt, freilich ohne jedweden Anhaltspunkt, den jährlichen Schuhkonsum in Deutschland zu 4 Paar pro Kopf, insgesammt 200 Millionen Paar an. Von der Wochenleistung einer sächsischen Schuhwaarenfabrik, 5250 Paar mit 200 Arbeitern aus= gehend, berechnet er den Gesammtbedarf an Arbeitern zu 177 778,[23] (worin ein Rechenfehler steckt, richtig gerechnet sind es blos 146 500). Weiter nimmt er an, daß Fabrikschuhe weniger haltbar sein könnten, als im Handbetrieb angefertigte und erhöht die Arbeiterzahl auf 210 834, obgleich er selbst Urtheile von Sachverständigen anführt, wonach schon jetzt vielfach von handarbeitenden Schustern Fabrik= waare unterschoben wird. In der That meint Francke, daß der ganze Unterschied, wo er besteht, nicht in der Arbeit, sondern im verwendeten Material liegt und daß man bei Anwendung von gutem Material allen Ansprüchen genügen kann. Es werden gegen= wärtig Schuhe in den verschiedensten Formen und Größen im Fabrik= betriebe hergestellt.

2. Die Gerberei.

An die Schuhmacherei schließt sich eng an die Gerberei. Die= selbe hätte jährlich ca. 100 Millionen kg Rinds= und Kalbleder zu verarbeiten (3 Prozent vom Lebendgewicht der Rinder gerechnet), außerdem wohl noch an 12 bis 15 Millionen großentheils aus den

[21] Sozialpolitisches Zentralblatt 1892, S. 144.
[22] Schriften des Vereins für Sozialpolitik, Band 63, S. 207.
[23] A. a. O., S. 117.

Kolonien eingeführte Schaffelle. An Roßleber dürfte bei der an=
genommenen ziemlich starken Reduktion der Pferdezucht (8 Pferde
pro landwirthschaftlicher Betrieb = 800 000 Pferde) kaum über
1 bis 2 Millionen kg vorhanden sein. 1893 wurden in Deutsch=
land, die Wiederausfuhr abgerechnet, 47 Millionen kg Roß= und
Rindshäute eingeführt;[24] die Eigenproduktion wird kaum mehr be=
tragen haben, beschäftigt waren in der Gerberei 1895 ca. 46 262
Personen. Es werden jährlich an 400 Millionen kg Lohe verbraucht,
wovon ³/₄ eingeführt wird. In Zukunft könnte die Gerberei mittelst
Elektrizität betrieben und dadurch bedeutend an Zeit, Kraft und
Arbeitsmaterial gespart werden. Eine Gerbereianlage in Boa Vista
bei Rio de Janeiro kann mit 100 elektrischen Apparaten jährlich
7 Millionen kg Häute gerben.[25] Die Dynamomaschine für einen
jeden Apparat braucht blos 1 Pferdekraft stark zu sein, die Trommel
eines Apparates faßt 700 bis 800 kg Häute und 1500 bis 1800 l
Gerbebrühe, welche letztere aus 700 bis 800 kg flüssigem Tannin=
extrakt von 20° Baumé und etwas Terpentinessenz besteht.[26] Zur
Gerbung braucht man 24 bis 100 Stunden, während nach dem
gegenwärtig noch vorherrschenden alten Verfahren 3 bis 15 Monate
nöthig sind. Die Kosten für die zu einer Gerbung von 800 Tons
erforderlichen Dynamos ꝛc. betragen 32 000 Mk.; an Arbeitskosten
erspart man gegenüber dem jetzigen Verfahren 16 Pf. pro kg. An
Arbeitern werden wir daher wohl in Zukunft ¹/₃ weniger, resp.
rund 80 000 rechnen können, die in 20 bis 25 Fabriken der ge=
schilderten Art bequem 120 bis 150 Millionen kg Leder gerben
könnten. An Gerberlohe hätte man bei Anwendung von Mimosa=
rinde, die 2 bis 3 Mal so viel Gerbsäure enthält wie Eichenrinde,[27]
kaum mehr erforderlich, als jetzt bereits eingeführt wird. Bei
rationeller Waldkultur in den Tropenkolonien Deutschlands dürfte
zur Produktion von 400 000 bis 500 000 Tons Mimosarinde kein
sehr großes Areal erforderlich sein. Das Eichenschälverfahren in
Deutschland wäre jedenfalls aufzugeben und dafür Eichenhochwald
zu ziehen.

3. Die Schneiderei und Wäschekonfektion.

Auch hierin läßt sich bei fortgeschrittener Arbeitstheilung die
Leistungsfähigkeit beträchtlich steigern dadurch, daß die einzelnen
Arbeiter alsdann in den verschiedensten Manipulationen, z. B. Knöpfe

---

[24] Statistisches Jahrbuch für das Deutsche Reich, 1897.
[25] Elektrotechnische Zeitschrift, 1893, S. 92.
[26] Ebenda.
[27] Mimosarinde enthält 24 bis 40, Eichenrinde 11 bis 13 Prozent
Tannin (vergl. Semler, Tropische Agrikultur I, Wismar 1886, S. 263).

machen, Zuschneiden, Besäumen 2c., eine viel größere Gewandtheit
erlangen. Die Nähmaschinen werden schon jetzt in manchen Be=
trieben mittelst Gasmotor oder Elektrizität in Bewegung gesetzt, was
zweifellos der Gesundheit zuträglicher ist. Desgleichen hat man schon
jetzt elektrische Zuschneidemaschinen, die zwölf Lagen Tuch auf ein=
mal durchschneiden. Scherzer beschreibt das Pimlico=Militairmontur=
institut in London, in welchem bei ausgedehntester Arbeitstheilung
durch 2000 Arbeiter (darunter 1700 weibliche) jährlich 600000 Röcke,
also pro Tag und Arbeiter ein Rock hergestellt wurde.[28] Nach Schulze=
Gaevernitz stellte eine Bekleidungsfabrik in Leeds mit Hilfe von
1350 Mädchen und 300 Männern wöchentlich 10000 bis 13000 An=
züge fertig, mithin pro Arbeitstag 1 bis 1¹/₆ Anzüge.[29] Aehnlich
sind die Leistungen in der Berliner Konfektionsindustrie. Es wurden
beispielsweise nach einer Erhebung von 49 Meistern mit Hilfe von
36 männlichen und 516 weiblichen Arbeitern 11 260 Paar Hosen in
der Woche angefertigt, resp. pro Arbeiter fast 19 Paar; 19 Schneider
fertigten mit Hilfe von 54 männlichen und 119 weiblichen Arbeitern
4120 Westen pro Woche, resp. 21¹/₂ pro Arbeiter; 22 Meister haben
mit Beihilfe von 49 männlichen und 5 weiblichen Arbeitern 653 Jackets
in der Woche genäht, resp. 8²/₃ auf den Arbeiter.[30] Wir werden
also wohl nicht zu hoch gehen, wenn wir die zukünftige Normal=
leistung zu 5 ganzen Anzügen pro Woche und Arbeiter, resp.
Arbeiterin festsetzen. Rechnet man nun, daß ein Erwachsener jähr=
lich 2 ganze Anzüge verbraucht, so kommen wir bei der heutigen
Vertheilung der Altersklassen und einer auf 60 Millionen gerech=
neten Gesammtbevölkerung auf ca. 20 Millionen Erwachsene männ=
lichen Geschlechts, resp. 40 Millionen Anzüge im Jahre, zu deren
Anfertigung 154 000 Arbeiter genügen werden. An Mänteln, Paletots
dürften im Mittel alle zwei Jahre je ein Sommer= und ein Winter=
überzieher benöthigt werden, resp. 20 Millionen jährlich, und wenn
wir zu deren Herstellung je einen Arbeitstag rechnen, so sind im
Ganzen weitere 66 000 Arbeiter erforderlich, zusammen also für die
Erwachsenen männlichen Geschlechts 220 000 Arbeiter. Setzen wir
nun für die 10 Millionen Kinder den halben relativen Arbeitsbedarf,
so kommen wir für das männliche Geschlecht überhaupt auf 275 000
Arbeiter, für beide Geschlechter dürften 600 000 Arbeiter vollauf
genügen, selbst wenn, wie es ja auch jetzt vielfach der Fall ist, die
Wohlhabenden mehr als 2 Anzüge jährlich verbrauchen.

---

[28] Scherzer, Weltindustrien, Stuttgart 1880, S. 227.

[29] Gerhard v. Schulze=Gaevernitz, Die Großindustrie, Leipzig 1892,
S. 278.

[30] Soziale Praxis, außerordentliche Beilage zu 1896, Nr. 29,
S. 814.

Was die Wäschekonfektion anlangt, so kann eine Arbeiterin bequem 2 bis 3 Hemden täglich anfertigen, in einer großen Wäsche= konfektionsanstalt mit fortgeschrittener Arbeitstheilung sicher noch bedeutend mehr. Wenn man nun jährlich für einen Erwachsenen 8 Hemden und ebenso viel Beinkleider rechnet, so kommen wir auf ca. 240 Millionen Hemden und Beinkleider, zu deren Anfertigung ca. 300 000 Arbeiterinnen nöthig sein werden. (800 Hemden und Beinkleider jährlich gerechnet.) Für die Kinderwäsche werden wir weitere 100 000 Arbeiter ansetzen. 1895 gab es an Näherinnen 289 787, Schneider und Schneiderinnen 458 629, Konfektionsarbeiter 55 844, im Ganzen 804 410 mit der Herstellung von Kleidung und Wäsche beschäftigte Personen. Es ist da zu berücksichtigen, daß erstens allerdings ein großer Theil der Bekleidungsgegenstände in den Familien selbst hergestellt werden, sodann aber die Leistungen wegen mangelnder Arbeitstheilung bedeutend niedrigere sein müssen. Wir haben 1 Million Arbeiterinnen angesetzt, womit man wohl auch bei erhöhten Forderungen auskommen dürfte. Für Durch= schnittsanzüge genügt ja vollkommen Massenprodultion, da man bequem mehrere Dutzend Größennummern für die Anzüge einführen kann. Wollen die Wohlhabenden besonders elegante, ganz genau passende Anzüge haben, so können sie dieselben im Voraus bestellen und anprobiren lassen — natürlich gegen entsprechend höhere Ver= gütung, gerade so, wie es nach Scherzer für die im Pimlico=Institut angefertigten Offiziersanzüge der Fall ist.

Die Putzmacherei, Anfertigung von künstlichen Blumen, Feder= schmuck 2c. beschäftigte 1895 50 868 Personen. Diese Industrie könnte man großentheils der Privatinitiative überlassen, da es hier viel weniger auf Arbeitstheilung, wohl aber auf Handfertigkeit und guten Geschmack ankommt. Auch die Kürschnerei und Herstellung von Pelzwaaren (1895 14 027 Arbeiter) wäre Privaten zu über= lassen. Immerhin werden wir 50 000 staatliche Arbeiterinnen ansetzen.

In der Hutmacherei und Filzwaarenfabrikation waren 1895 19 913 Personen beschäftigt, die Handschuhmacherei beanspruchte 14 997, die Korsettfabrikation 8590, die von Kravatten und Hosen= trägern 4210, die Mützenmacherei 2875 Personen, zusammen 50 585. Wir werden für diese Industriebranchen rund 60 000 Arbeiter ansetzen.

C. Die Textilindustrie.

Die gesammte Textilindustrie beschäftigte 1895 945 191 Arbeiter. In der Baumwollindustrie waren bereits 1889 ca. 820 000 Personen beschäftigt, es gab 5,5 Millionen Feinspindeln und 300 000 mechanische Webstühle. Diese Anzahl würde bei einer um ¹/₇ größeren Be= völkerung genügen, wenn Leistungen der Arbeiter und Eigenkonsum konstant bleiben, jedoch die Ausfuhr von Webestoffen wegfällt. 1893/96 wurden in Deutschland eingeführt 244 Millionen kg Baumwolle (von der Wiederausfuhr abgesehen) und 12,6 Millionen kg Baumwollgarn. Dafür wurden jedoch 31 Millionen kg Baumwoll=gewebe ausgeführt. Die Produktion betrug, wenn man 10 Pfund Rohbaumwolle gleich 9 Pfund Garn setzt, $244 \times \frac{9}{10} + 12,6 =$ 232,2 Millionen kg Garn, und wenn man bis zur Fertigstellung von Geweben noch 2 Prozent Verlust rechnet, 226 Millionen kg Gewebe, resp. nach Abzug der Ausfuhr 195 Millionen. Jedenfalls werden für den Eigenbedarf von 60 Millionen Bewohnern 240 bis 250 Millionen kg Baumwolle hinreichen. In den besteingerichteten Baumwollfabriken rechnete man in England noch in den siebziger Jahren 6 Arbeiter auf 1000 Spindeln und 2 auf 3 mechanische Webstühle. Nach Schulze=Gaevernitz kommen jetzt in einer guteingerichteten Fabrik auf 70 000 Spindeln 163 Arbeiter,[31] also blos 2,3 pro Mille Spindeln. Eine Weberei von 602 Webstühlen in Nordlancashire, die ungemustertes Druckkalico anfertigte, beschäftigte 225 Arbeiter, eine Kunstweberei brauchte allerdings für 500 Webstühle 450 Arbeiter.[32] Nach der Cotton Factory=Times (22. März 1889) bediente in Massa=chussets ein Weber sogar 6 Webstühle. Wir werden 4 Arbeiter auf 1000 Spindeln und einen auf 2 mechanische Webstühle rechnen, was allerdings doppelt so hoch ist, als die jetzigen Leistungen in Deutsch=land, jedoch noch um ⅓ hinter den Leistungen in England und Nord=amerika zurücksteht. Es kann ja doch erstens verbesserte Fabrik=einrichtung einerseits und bessere Ernährung und Erziehung der Arbeiter andererseits die Leistungen steigern, wenn man auch, da die Arbeitszeit nicht das ganze Leben, sondern nur 6 bis 10 Jahre währen würde, natürlich nicht die Uebung und Fertigkeit verlangen darf, die für englische Leistungen erforderlich sind, wo die Bevölkerung gewisser Bezirke seit Generationen einer und derselben Beschäftigung obliegt. Insgesammt kommen wir für die 5½ Millionen Spindeln auf 22 000, die 300 000 mechanische Webstühle auf 150 000, zusammen 172 000 Arbeiter, anstatt 320 000 Arbeiter (1889). Die Arbeit in den Baumwollfabriken könnte, da sie keine starke Anstrengung, sondern nur Uebung und Gewandtheit erfordert, durchweg von Frauen ver=richtet werden. wie denn in England bereits gegenwärtig die Baum=wollinduſtrie zu ²/₃ Frauen und Kinder beschäftigt.

In der Leineninduſtrie waren 1889 ca. 160 000 Arbeiter be=schäftigt, in der Wolleninduſtrie 200 000 (mit 2,6 Millionen Fein=spindeln), in der Seideninduſtrie 80 000. Hier kann ein bedeutender

---

[31] A. a. O., S. 120.
[32] Ebenda, S. 146.

Abſtrich gemacht werden, da namentlich in der Leinen= und Seiden=
induſtrie noch immer viel Handarbeit vorkommt.

Jedenfalls werden wir nicht zu hoch greifen, wenn wir in
ſummariſcher Weiſe die Möglichkeit der Einſchränkung des Arbeiter=
bedarfs auf ¹/₃ ſchätzen und damit anſtatt.der 945 000 Textilarbeiter
bloß 630 000 anſetzen.

An Wolle wurden 1893/96 im Mittel 156 Millionen kg ein=
geführt. Die aus überſeeiſchen Ländern ſtammende Wolle iſt jedoch
ſehr unrein und verliert durch das Waſchen die Hälfte ihres Ge=
wichtes. Wir kommen ſomit auf 78 Millionen kg gewaſchene Wolle,
wozu noch die Eigenproduktion von 13¹/₂ Millionen Schafen tritt,
die mit 27 Millionen kg genügend hoch geſchätzt ſein wird, außerdem
wurden 3,1 Millionen kg gekämmte Wolle mehr ein=, 1,4 Millionen kg
Kämmlinge mehr ausgeführt. Es wären alſo 106,6 Millionen kg
zu verarbeiten geweſen, und da 100 kg Wolle ca. 85 kg Garn
liefern,³³ ca. 90 Millionen kg Garn produzirt worden ſein. Hierzu
tritt noch 15,2 Millionen kg mehr eingeführtes Garn. An rein=
wollenen Geweben wird man daher, wenn noch 2 Prozent Abfall
gerechnet wird, 103 Millionen kg produzirt haben. Es wurden
jedoch 26,8 Millionen kg Wollengewebe mehr ausgeführt, ſowie
einige Millionen kg Wollenwäſche ꝛc. Für den Eigenkonſum werden
daher kaum über 74 Millionen kg übrig geblieben ſein = 1,4 kg
pro Kopf der Bevölkerung. Angenommen nun, es findet keine Aus=
fuhr an Wollengeweben ſtatt, ſo würden pro Kopf 2 kg Wollengewebe
entfallen. Wir werden den zukünftigen Konſum auf 2¹/₂ kg, reſp.
150 Millionen kg überhaupt anſetzen, wozu ca. 180 Millionen kg
gewaſchener Wolle nöthig ſein würden, reſp. die Wolle von ca. 100
Millionen Schafen. Davon könnten vielleicht 30 Millionen in Deutſch=
Südweſtafrika gehalten werden, 70 Millionen Schafe könnten vor=
läufig die in Weiden zurückverwandelten 10 Millionen ha Ackerland
ernähren. Bei ſtärkerem Anwachſen der Bevölkerung müßten die
Schafe den einzelnen Wirthſchaftshöfen zugetheilt werden.

An Leinwand dürfte der jetzige Konſum kaum 0,8 kg pro Kopf
überſchreiten. Werden auf jedem landwirthſchaftlichen Betrieb 2 ha
mit Flachs bebaut und liefern dieſelben 800 kg Flachsfaſer pro ha,
zuſammen 160 Millionen kg Faſer, ſo könnten daraus ca. 80 Mil=
lionen kg Leinwand hergeſtellt werden. Der Abfall an Werg ꝛc.
könnte zu Stricken und Bindfaden verarbeitet werden. Allein die
Selbſtbinder werden ca. 20 Millionen kg Bindfaden verbrauchen.

An Seide werden in Deutſchland jährlich ca. 2 bis 2¹/₂ Mil=
lionen kg gehaſpelte Seide und 1 Million kg Florettſeide im Werthe
von ca. 110 Millionen Mk. eingeführt, dafür freilich Seidenwaaren

---

³³ Vergl. Mulhall, Dictionary of Statistics (London 1892), S. 600.

im Werthe von ca. 140 Millionen Mk. ausgeführt. Die Produktion von Seide ist von allen Faserstoffen die umständlichste. 1 ha Maulbeerpflanzung liefert in voller Tragfähigkeit kaum über 10 000 kg Blätter, welche zur Produktion von 600 kg Kokons = 50 kg gehaspelte Seide und 50 kg Florettseide verwandt werden können. Der weiße Maulbeerbaum kommt jedoch in Deutschland nicht mehr fort. Es wäre zu versuchen, ihn in Südwestafrika zu ziehen. Neuerdings ist es auch gelungen, die Seidenraupe mit den Blättern der Schwarzwurzel (Scorzonera hispanica) zu züchten, welches strauchartige Gewächs überall in Deutschland gedeiht. (Vergl. C. O. Horz, Eine neue Züchtungsmethode des Maulbeerspinners, Stuttgart 1890.) Um 60 kg Kokons = 5 kg Rohseide und ebenso viel Florettseide zu erhalten, ist ein Raum von 70 qm Fläche und eine Arbeiterin zur Fütterung der Raupen erforderlich. Dieselbe müßte im Frühjahr an etwa 6 Wochen, wann die Blätter gerade frisch saftig sind, beschäftigt werden. Die Lebenszeit der Seidenraupe bis zum Verspinnen beträgt ca. 5 Wochen, das Verspinnen dauert 8 Tage, nachher werden die Puppen getödtet und die Seide abgehaspelt. Um nun die 2 Millionen kg Rohseide zu produziren, wären ca. 50 000 ha Maulbeer oder Scorzonerapflanzung, dabei eine bedeckte, auf 17° Réaumur erwärmte Fläche von 28 Millionen qm und 400 000 Arbeiterinnen während 6 Wochen erforderlich. Es könnten die Textilfabriken im Frühjahr zum Theil feiern und die darin beschäftigten Arbeiterinnen, sowie die Räumlichkeiten für die Seidenzucht verwandt werden. Für die ca. 12 Millionen Baumwolle, Wolle und Leinspindeln brauchte man ja nicht mehr als 72 000 Arbeiterinnen, die entsprechenden 600 000 Webstühle ca. 400 000, Färberei, Appretur ꝛc. 60 000 gerechnet, blieben für die Seidenzucht und Verarbeitung 100 000 Arbeiterinnen übrig. Die 400 000 an 40 Tagen beschäftigten Arbeiterinnen sind ja nur 45 000 Jahresarbeitern gleich zu stellen, für die weitere Verarbeitung werden schon die restirenden 55 000 ausreichen.

Auch im späteren Leben könnten die Frauen, sofern sie für Seide Vorliebe hätten, sich im Frühjahr mit Seidenzucht beschäftigen, wozu ja bei einem eigenen Anwesen der vorhandene Garten Gelegenheit bieten würde.

D. Die Industrie der Erden, Steine und Metalle.

1. Die Ziegelfabrikation und Maurerarbeit.

Auch im Baugewerbe ist noch eine bedeutende Steigerung der Leistungen möglich. Das Herrichten des nöthigen Holzwerkes, Bretter für Fußböden und Decken, Thüren, Fenster kann ja durchweg in Fabriken mit hochentwickelter maschineller Technik stattfinden, des gleichen können Thürschlösser, Fenstergriffe ꝛc. fabrikmäßig hergestellt werden. Die Zusammenstellung, das Einpassen, Vernageln, Nachbessern ꝛc. muß allerdings im Handbetriebe stattfinden. Die Maurerarbeit ist zwar fast unmöglich zu reduziren, jedoch kann eine gleichmäßigere geregelte Vertheilung auf die ganze Arbeitsperiode stattfinden und damit die Gesammtleistung doch erhöht werden. Dasselbe gilt von der Dachdecker-, Steinhauer- und Tapezierarbeit. Das Heranschaffen von Steinen und Mörtel an den Arbeitsplatz kann mittelst Feldbahnen, das Hinaufbringen auf die oberen Stockwerke mittelst Hebekrähnen geschehen, die durch Dampf oder Elektrizität in Bewegung gesetzt werden. Auch das Bereiten und Durchmischen des Mörtels kann mittelst Maschinen geschehen.

Die Industrie der Steine und Erden beschäftigte 1895 501 315 Arbeiter, das gesammte Baugewerbe 1 353 447. In den Ziegeleien arbeiteten allein 183 911 Personen. Dieser ungeheure Arbeitsbedarf erklärt sich jedenfalls zum guten Theil aus der Planlosigkeit der heutigen Produktion, der Abhängigkeit von Bestellungen, sowie der zu geringen Jnanspruchnahme von Maschinen. Die Jahresproduktion beträgt in den 6000 deutschen Ziegeleien, von denen die Hälfte Ringöfen, die andere Hälfte noch immer Oefen alter Konstruktion haben, nach Zwick und Fischer 2½ Milliarden Ziegel jährlich,[84] also bloß etwa 14 000 Ziegel pro Arbeiter. Nach Bock soll allerdings der Bedarf an Ziegeln in Deutschland 18,4 Milliarden jährlich betragen,[85] was wohl viel zu hoch gegriffen ist, auch von den Ringöfen produziren ein großer Theil unter 1 Million Ziegeln.[86] Jedenfalls müssen wir damit rechnen, daß der Bedarf an Ziegeln nach der Verstaatlichung stark ansteigt, namentlich in der ersten Zeit, da eine große Anzahl von Wirthschaftshöfen, Fabrikanlagen, Wohnhäusern neu zu erbauen wären. Aber auch späterhin würde der Bedarf dauernd ein sehr hoher bleiben, da anzunehmen ist, daß weitaus die meisten Arbeiter sich eigene Häuser bauen, resp. bauen lassen

---

[84] Fischer, Handbuch der chemischen Technologie, Leipzig 1893, S. 858; Zwick, Ziegelfabrikation der Gegenwart, 1896, S. 196.

[85] Thonindustriezeitung 1889, Nr. 11.

[86] Nach Eisenbahnarchiv 1896, S. 740, wurden 1895 auf Eisenbahnen befördert 14 Millionen Tons gebrannte Steine. Bei einem Gewicht von 3 kg pro Ziegelstein kommen wir sonach auf 4,7 Milliarden Ziegel. Zu Wasser und direkt per Achse werden wohl auch ein Paar Milliarden Steine an die Baustellen gelangt sein, so daß die Gesammtproduktion 6 bis 7 Milliarden betragen könnte. Nach Schätzungen des Vorstandes der Ziegeleiberufsgenossenschaft soll die Produktion 1896 allerdings 10,3 Milliarden Mauersteine und 442 Millionen Dachsteine betragen haben (vergl. „Neue Zeit", 1897/98, Band I, S. 667).

werden. Außerdem aber dürfte das Ausbrechen von natürlichen Steinen als eine ungesunde und umständliche Beschäftigung bedeutend eingeschränkt werden. Rechnen wir, daß in der ersten Zeit nach der Verstaatlichung 6000 Wirthschaftshöfe in den landwirthschaftlichen Betrieben jährlich neu zu erbauen wären und für einen jeden Wirthschaftshof ³/₄ Millionen Ziegel, die zu 2000 cbm Mauerwerk ausreichen werden, nöthig sind, so kommen wir auf 4½ Milliarden Ziegel. Für die industriellen Anlagen, Brücken- und Eisenbahnbauten, Schulen, Magazine wäre der Bedarf ebenfalls ein sehr hoher, rechnen wir ihn zu 5½ Milliarden, insgesammt also 10 Milliarden Ziegel für die Staatsbauten. Nehmen wir nun weiter an, daß von den aus dem Staatsdienst ausscheidenden Arbeitern jährlich 300000 kleine Wohnhäuser von 100 bis 150 qm Fläche gebaut werden, die je etwa 40000 Ziegel beanspruchen würden, so wäre der Privatbedarf auf 12, inkl. der Bauten für die Wohlhabenden wohl auf 13 bis 14 Milliarden Ziegel zu schätzen. In Amerika giebt es Ziegeleien, die täglich eine halbe Million Ziegel fertig stellen können; eine derartige Ziegelei lieferte mit 275 Arbeitern 100 Millionen Ziegel jährlich, wobei zum Betriebe der Lehmstampfen, Preß- und Schneidemaschinen ꝛc. Dampfmotoren von ca. 1500 Pferdestärken dienten.[37] Bei derartigen gewaltigen Anlagen könnten schon 240 Ziegeleien den Bedarf von ganz Deutschland decken und man brauchte dabei bloß 66000 Arbeiter, ein Drittel von der Anzahl, die gegenwärtig beschäftigt wird. Allerdings wären auch Maschinen von 360000 Pferdekraft nöthig. Die Kosten des Brennmaterials sollen in Amerika inkl. Brennerlohn, jedoch exkl. Maschinistenlöhnung, bloß 1 Mk. pro 1000 Ziegel betragen.[38] In Deutschland dagegen rechnet Zwick die Kosten für das Brennen, Einsetzen in den Ofen, Auskehren, Sortiren ꝛc. zu 3,2 Mk. pro Mille Ziegeln bei einem Taglohn von 2¾ bis 3 Mk.[39] Den Kohlenbedarf berechnet er zu 2¾ Zentner. Eine Ziegelformmaschine mit 7 Mann Bedienung liefert täglich 12000 bis 16000 schön geformte Steine, also pro Arbeitstag 2000.[40] Nehmen wir nun an, daß zum Lehmgraben und Heranschaffen die gleiche Arbeiterzahl erforderlich ist, so wären insgesammt ca. 2 Arbeitstage pro Mille Ziegel nöthig und die Jahresleistung eines Arbeiters könnte höchstens 150000 Ziegel betragen. Wir hätten alsdann, nach deutschen Leistungen gerechnet, ca. 160000 Mann nöthig. An Kohlen würde man 2¾ × 24 = 64 Millionen Zentner, resp. 3,2 Millionen Tons verbrauchen, die

[37] Töpfer- und Zieglerzeitung, 1893, S. 651.
[38] Ebenda, 1893, S. 633.
[39] Zwick, a. a. O., S. 481.
[40] Ebenda, S. 348.

Dampfmaschinen von 360000 Pferdekräften würden außerdem noch je 1 kg pro Stunde und Pferdekraft gerechnet in 8000 Arbeitsstunden 1,08 Millionen Tons Kohlen erfordern. Die faktischen Leistungen sind allerdings in Deutschland gegenwärtig vielfach sehr niedrige. Nach Kahn fabrizirte die Aktienziegelei in München 18 bis 20 Millionen Ziegel jährlich, wobei im Sommer 500, im Winter 170 Arbeiter beschäftigt waren.[41] Die Anzahl der Arbeitstage ist $500 \times 150 + 170 \times 150 = 100500$, die Leistung pro Arbeitstag bloß 180 bis 200 Ziegel, ¹/₄ der amerikanischen. Im Sommer waren allerdings 250 Arbeiter bloß im Handbetrieb beschäftigt, auch wurden von der gedachten Fabrik meist bessere Ziegel, Facettenziegel, Formsteine ꝛc. angefertigt. Jedenfalls wäre eine Anlage von Riesenziegeleien nach Art der amerikanischen durchaus nicht unpraktisch zu nennen, selbst wenn in den dünn bevölkerten Gegenden erst eine Ziegelei auf 10000 qkm käme, so würde doch die mittlere Entfernung nicht über 50 km betragen und unter Anwendung von Kleinbahnen, Feldbahnen ꝛc. würde kein sehr erheblicher Arbeiterbedarf für den Transport entstehen. Werden doch heute Ziegel oft auf weitere Entfernungen verführt. Im Mittel könnte ja ein Riesenbetrieb bereits auf 2000 qkm kommen und die mittlere Entfernung von demselben brauchte 20 km nicht zu überschreiten.

Es wäre nun noch der Bedarf an Bauarbeitern zum Vermauern der vorhandenen Ziegelsteinmassen zu berechnen. Ein Maurer nebst Handlanger kann täglich 400 bis 500 Ziegel vermauern, Renommirmaurer auf Ausstellungen und einzelne Akkordarbeiter bringen es bis zu 1000 Ziegeln. Bei 220 Arbeitstagen im Jahre und einer mittleren Leistung von 450 Ziegeln brauchte man für die 23 bis 24 Milliarden Ziegel insgesammt ca. 480000 Maurer und Handlanger, also nicht mehr als heute. Es ist eben zu berücksichtigen, daß gegenwärtig die Maurer auch im Sommer durchaus nicht ständig beschäftigt sind, viel Zeit mit Arbeitsuchen verlieren, wenn ein Bau gerade fertig ist ꝛc.

2. Die Zementindustrie.

Aus den 24 Milliarden Ziegeln könnten ca. 60 Millionen cbm Mauerwerk aufgeführt werden. Ein cbm Mauerwerk enthält ca. 280 l Mörtel. Wenn man als Mörtel lediglich Zement mit 3 Theilen Sandzusatz verwendet, was gegenwärtig nur bei den monumentalen Bauten geschieht, so braucht man für 1000 Ziegel 1³/₄ bis 2 Faß Zement à 170 kg Nettogewicht,[42] insgesammt ca. 42 bis 48 Millionen Faß Zement. Das Verputzen der Gebäude und

[41] Kahn, Münchens Großindustrie, 1891, S. 34.
[42] Deutscher Baukalender 1896, S. 60.

namentlich die in Zukunft im ausgedehntesten Maßstabe zu Decken, Fußböden ꝛc. anzuwendenden Monirbauten (Eisen- resp. Drahtgitter mit Zementbetonumhüllung) werden fast die gleichen Massen Zement beanspruchen, rechnen wir insgesammt 80 Millionen Faß Zement jährlich, während gegenwärtig blos 12 Millionen Faß in 80 Fabriken hergestellt werden. Zement, insbesondere Portlandzement, wird her= gestellt, indem man ein bestimmtes Gewicht von Kalkstein und Thon fein mahlt, es zu Steinen preßt, diese brennt und alsdann wieder zu feinem Pulver zerstampft. Die Diesdorfer Zementwerke in Lothringen produziren im Jahre mit 150 Arbeitern 150000 Faß Zement,⁴³ es waren Maschinen von 575 Pferdekraft nebst 24 Kugel= mühlen und den dazu gehörigen Steinbrechern vorhanden. Gebrannt wurde in 2 großen Ringöfen. Für ganz Deutschland wären sonach 533 derartige Fabriken mit 80000 Arbeitern ausreichend, um die 80 Millionen Faß Zement zu produziren. An Brennmaterial sind zum Brennen von 100000 kg Zement in Hoferschen Schachtöfen ca. 15 Tons Kohlen erforderlich,⁴⁴ für 80 Millionen Faß = 13¹/₃ Milliarden kg, somit ca. 2 Millionen Tons, außerdem erforderten die Dampfmaschinen von zusammen 300000 Pferdekräften ebenfalls 1 Million Tons Kohlen. Die Leistungen mancher Fabriken sind allerdings beträchtlich geringer: Die Mannheimer Zementwerke stellten in 2 Fabriken, von denen jede Maschinen von 1200 Pferde= kräften besaß, mit 800 Arbeitern 500000 Faß Zement her,⁴⁵ also blos 625 pro Arbeiter; die Stettiner Portlandzementwerke mit 1200 Arbeitern gar nur 650000 Faß, resp. 540 Faß pro Arbeiter.⁴⁶ Es kann sein, daß die örtlichen Verhältnisse bei den letzteren Fabriken ungünstiger, das Kalkbrechen und Thongraben schwieriger war.

3. Die Eisenindustrie.

Mit der Verarbeitung von Metallen befaßten sich 1895 862035 Personen, die Maschinenindustrie, Verfertigung von Instru= menten, Apparaten, beschäftigte 385223 Arbeiter. Es gab darunter allein 195167 Grob= resp. Hufschmiede, 295700 Schlosser. Die Arbeiten der Grobschmiede werden in Zukunft sämmtlich von den in den elektrischen Zentralen beschäftigten Arbeitern verrichtet werden können, die ja für die Pflugarbeiten nur 100 Tage im Maximum in Anspruch genommen werden. Die Schlosserarbeiten werden fast sämmtlich in Fabriken besorgt werden können.

---

⁴³ Töpfer- und Zieglerzeitung 1895, S. 284.
⁴⁴ Fischer, Chemische Technologie 1893, S. 826.
⁴⁵ Elektrotechnische Rundschau 1894/95, S. 245.
⁴⁶ Ebenda, S. 388.

In der Eiseninduſtrie ſpeziell gab es 1892 ca. 242000 Arbeiter,[47] die Produktion beträgt in den letzten Jahren ca. 5 Millionen Tons. Die Anzahl der im Maſchinenbau und in Konſtruktionswerkſtätten, ſowie im Schiffbau beſchäftigten Perſonen betrug 1890 ca. 250000.[48] Im Mittel wurden pro Arbeiter in den letzten Jahren 20 Tons Flußeiſen, Stahl ꝛc. produzirt. Die Illinois-Stahlwerke in Amerika produzirten dagegen mit 10000 Arbeitern 680274 Tons Stahlſchienen, Knüppel, Handelseiſen, Träger, U-Eiſen ꝛc.;[49] auf einen Arbeiter kommen ſonach 68 Tons Eiſenfabrikate. Das Anlagekapital betrug 25 Millionen Dollars. Aehnliche Leiſtungen hat übrigens auch die Burbacher Hütte in Deutſchland aufzuweiſen. Dieſelbe produzirte mit 2243 Arbeitern ca. 200000 Tons Roheiſen und 150000 Tons Formeiſen, Träger, Schienen, Schwellen[50] ꝛc. Die der Firma Carnegie gehörigen Homeſteadwerke bei Munhall beſchäftigten 25000 Arbeiter und ſtellten 1½ Millionen Tons Roheiſen und mehr als 1½ Millionen Tons Handelseiſen und Stahl her,[51] alſo ca. 60 Tons pro Arbeiter. Für eine Eiſenproduktion von 5 Millionen Tons würden darnach ſchon 80000 Arbeiter genügen, wir werden jedoch annehmen, daß der innere Konſum ſich verdoppelt und daher, auch wenn die Ausfuhr wegfällt, ca. 8 bis 9 Millionen Tons Eiſen herzuſtellen ſein werden. In Zukunft wird man ja jedenfalls bei Häuſerbauten viel mehr Eiſenträger verwenden, die Decken in Monierplatten her-ſtellen ꝛc. Immerhin werden bei vollſtändig modern eingerichteten Werken ca. 140000 Arbeiter genügen. Ein modernes Eiſenwerk ſchildert z. B. Schröbter: Es gehören dazu 3 Hochöfen von je 250 Tons Tagesleiſtung an Roheiſen. Das abgeſtochene Roheiſen der Hochöfen wird ſofort in flüſſigem Zuſtande den Convertern zu-geführt, hier in wenigen Minuten in Flußſchmiedeeiſen bezw. Stahl verwandelt und in große Blöcke gegoſſen, welche unter Ausnutzung ihrer Gießwärme in kräftigen Walzenſtraßen auf die verlangte Querſchnittsform heruntergewalzt werden.[52] Ein ſolch modernes Stahlwerk arbeitet trotz der es treibenden gewaltigen maſchinellen Kräfte faſt ohne Kohle. Früher ließ man ſowohl das Roheiſen als die gegoſſenen Blöcke Flußeiſen erkalten, ehe man an die Weiter-verarbeitung ſchritt. An Brennſtoff braucht man in Amerika bei reichhaltigen Eiſenerzen, die ca. 60 Prozent Eiſen enthalten, 784 kg

---

[47] Stahl und Eiſen, 1893, S. 382.

[48] Deutſcher Katalog der Chicagoer Ausſtellung, 1893, S. 83.

[49] Stahl und Eiſen 1891, S. 731.

[50] Zeitſchrift des Vereins deutſcher Ingenieure, 1895, S. 1092.

[51] Stahl und Eiſen, 1896, S. 376.

[52] Stahl und Eiſen, 1896, S. 292.

Koals pro Ton Roheifen,[53] in Deutfchland bei den ärmeren, 40 Pro=
zent enthaltenden Erzen der Ilfeder Hütte 850 bis 881 kg.[54] Zur
Herftellung von 1000 kg Flußeifen werden wir darnach kaum über
1100 bis 1200 kg Koals benöthigen, refp. insgefammt ca. 10 Mil=
lionen Tons. Die die Gebläfe, Converter, Walzen treibenden Dampf=
mafchinen werden auf je 100000 Tons Jahresprodultion mindeftens
6000 bis 7000 Pferdefraft ftarf fein müffen, alle Mafchinen ca.
500000 Pferdeftärfen enthalten.

4. Die Mafchineninduftrie.

Man könnte nun meinen, daß man, um überall einen hoch=
entwidelten Mafchinenbetrieb zu ermöglichen, viel mehr Kraft= und
Werfzeugmafchinen wird bauen müffen, als es jetzt der Fall ift.
Das dürfte im Allgemeinen nicht zutreffen. Erftens ift zu berüd=
fichtigen, daß gegenwärtig ftarf für den Export gearbeitet wird und
überall viele Neugründungen vorfommen, fodann aber, daß faft
alle induftriellen Etabliffements heute für eine Mehrprodultion ein=
gerichtet find. Wir hätten für den Sozialftaat ca. 8 Millionen
Pferdeftärfen an ftehenden Dampfmafchinen in den Fabrifen nöthig
(welche allerdings zum guten Theil durch Wafferfraft erfetzt werden
fönnten), die jährliche Abnutzung fönnte, fehr hoch gerechnet, 10 Pro=
zent betragen, fo daß Mafchinen von 300000 Pferdefraft im Jahre
neu zu bauen wären. In der Fabrif von Allis, Milwaufee, wird
mit 3000 Arbeitern im Tagesdurchfchnitt eine Mafchine von 300 Pferde=
fräften hergeftellt,[55] wobei alle Mafchinen nach einem Typus ausgeführt
werden. Es fommen alfo 30 Pferdeftärfen pro Jahresarbeiter und
wir hätten für den Jahreserfatz fämmtlicher Fabrifdampfmafchinen
10000 Arbeiter nöthig. Die Mafchinenfabrif von Wolff=Magdeburg
ftellte neben anderen Mafchinen 1890/91 748 Lofomobilen von
15647 Pferdefräften her und befchäftigte 1000 Arbeiter und Beamte.[56]
Die Leiftungen find daher faum geringer, wenn man berüdfichtigt,
daß unter den 15647 Pferdefräften nominelle Pferdeftärfen gemeint
find, die wirflichen werden um 50 bis 100 Prozent höher gewefen
fein. Die Lofomotivfabrif von Kraus in München ftellt mit 1000
Arbeitern jährlich 200 bis 250 Lofomotiven im Werthe von 4 Mil=
lionen Marf her,[57] darunter find allerdings viele fleine Lofomotiven
von 12 bis 110 Tons. Die Pferdefraft ift nicht angegeben, wird je=

---

[53] Stahl und Eifen, 1890, S. 1012.

[54] Stahl und Eifen, 1890, S. 1018.

[55] Amtlicher Bericht über die Chicagoer Ausftellung, Einzelbarftel=
lungen, S. 424.

[56] Katalog der Chicagoer Ausftellung, Deutfchland, S. 38.

[57] Kahn, a. a. O., S. 9.

doch kaum unter 25000 bis 30000 betragen haben. An Eisenbahn-lokomotiven hätte man jährlich höchstens 1000 von 400 bis 500 Pferdekräften neu zu bauen (gegenwärtig giebt es deren ca. 16000 und die Lebensdauer derselben nimmt man gemeinhin zu 20 Jahren an). Es würden dazu nach dem Gesagten ca. 15000 Arbeiter aus-reichen. Die landwirthschaftlichen elektrischen Zentralen haben Dampf-maschinen von je 350 Pferdekräften, zusammen 3¹/₂ Millionen Pferde-stärken, von denen auch höchstens 300000 jährlich neu zu bauen, also 10000 Arbeiter erfordern werden. Allerdings wird für die elektrischen Transformatoren etwa die gleiche Arbeiterzahl nöthig sein. Rechnet man endlich, daß an Schiffsmaschinen jährlich 200000 Pferdekräfte neu zu bauen sind, so beträgt der gesammte Arbeiterbedarf für Kraft-maschinen 10000 + 20000 + 15000 + 7000 = 52000 Mann. Gesetzt jedoch, daß auch die Eisenbahnen großentheils elektrisch betrieben werden, so würden unter allen Umständen 20000 weitere Arbeiter ausreichen.

Was den Eisenbahnfahrpark betrifft, so wären für die heutigen Eisenbahnen jährlich wohl an 3000 Personen- und 30000 Fracht-wagen zu ersetzen, abgesehen von neu zu erbauenden Kleinbahnen, die in einer Ausdehnung von mindestens 200000 km jede Villen-ansiedlung und jeden landwirthschaftlichen Betrieb durchziehen müssen. Die Waggonfabrik van der Zypen-Köln fertigt mit 1500 Arbeitern jährlich 8000 Fracht- und 250 bis 300 Personenwagen.[58] Wir brauchen danach 15000 Arbeiter für den Ersatz von Personen- und Frachtwagen der Vollbahnen. Den Bedarf der Kleinbahnen gleich hoch angenommen, kommen wir auf 30000 Arbeiter.

Was die Arbeitsmaschinen betrifft, so ist es da schon schwieriger, einen Anhaltspunkt zu finden. Die landwirthschaftlichen Betriebe werden 200000 Getreide- und ebensoviel Grasmähmaschinen bito Pferderechen und Heuebber haben, von denen ¹/₁₀ jährlich ersetzt werden müssen. Der heutige Preis eines Selbstbinders beträgt kaum unter 1000 Mk., Grasmähmaschinen, Tedder, Pferderechen werden 200 bis 300 Mk. kosten. Inklusive Milchzentrifuge, Futter-schneider und noch Melkmaschine ꝛc. wird der gegenwärtige Werth der Maschinen und Geräthe pro Betrieb kaum unter 10000 Mk. betragen, der abnutzbare Antheil an den Bodenbearbeitungsgeräth-schaften auch zu 5000 Mk. anzusetzen sein, einige kräftige Pumpen für eventuelle künstliche Bewässerung und Dreschmaschinen weitere 5000 ausmachen. Der Gesammtbetrag wäre daher 20000 Mk., jährliche Abnutzung 2000 Mk., resp. für alle Betriebe 200 Millionen Mark. Da nun gegenwärtig in den meisten Maschinenfabriken kaum unter 4000 Mk. Maschinen auf einen Arbeiter jährlich kommen, so wären

---

[58] Katalog der Chicagoer Ausstellung, S. 107.

für die landwirthschaftlichen Arbeitsmaschinen 50000 Arbeiter an=
zusetzen. Wahrscheinlich wird jedoch der Bedarf daran weit geringer
sein, weil es gegenwärtig gar nicht Fabriken landwirthschaftlicher
Geräthe giebt, die sich vollständig einer Spezialität widmen könnten.
Für die Textilindustrie werden alljährlich höchstens 1 Million
Feinspindeln und 50000 mechanische Webstühle zu ersetzen sein.
Für die Baumwollindustrie giebt v. Schulze=Gaevernitz die jetzigen
Anlagekosten in Oldham zu 20 bis 26 Mk. pro Feinspindel und 360
bis 380 Mk. für den mechanischen Webstuhl an,⁵⁹ und das inklusive
Gebäudeanlage und Motoren. Für die Leinen= und Wollenindustrie
werden die Kosten allerdings etwa doppelt so hoch sein. Immerhin
werden wir im Mittel aller Spindeln und Webstühle kaum über
20 Mk. pro Spindel und 500 Mk. pro Webstuhl rechnen müssen,
wenn man Gebäudeanlagen und Motoren ausschließt. Wir kommen
so auf einen Jahresersatz im Werthe von 45 Millionen Mk. resp.
10000 bis höchstens 15000 Arbeiter.

Schätzen wir den Bedarf für sämmtliche anderen Arbeits=
maschinen recht summarisch zu 100000 Arbeiter, so würden für die
gesammte Maschinenindustrie 277000, für den Schiffsbau ca. 20000,
für die Eiseninindustrie 140000, zusammen annäherungsweise rund
440000 Mann nöthig sein.

5. Die Bergwerke.

In den Bergwerken und im Salinenwesen waren 1895
418411 Arbeiter beschäftigt. Hierin könnte nun kaum etwas ge=
spart werden. Losch rechnet zwar gerade im Bergbau die Mög=
lichkeit einer Ersparniß von 10 Prozent heraus, indem er darauf
hinweist, daß die englischen Steinkohlengräber um 14,8 Prozent
mehr fördern als die deutschen⁶⁰, allein es wäre da erst nachzu=
weisen gewesen, daß die Lagerungsverhältnisse in England nicht
günstigere sind. Losch weist allerdings schon auf die Möglichkeit
technischer Verbesserungen hin, so z. B. führt er an, daß der
Spragne'sche Kohlenbohrer, der von einem 10pferdekräftigen Elektro=
motor in Bewegung gesetzt werde, stündlich 10 Tons auch der
härtesten Kohle ausbrechen könne.⁶¹ Naturgemäß hätte die Anwen=
dung der Elektrizität gerade im Bergwesen eine große Zukunft,
schon um der Betriebssicherheit wegen. Das Heranschaffen der aus=
gebrochenen Kohle an die Förderschachte könnte durchweg auf Feld=
bahnschienen geschehen, wobei die Kohlenwagen mittelst Drahtseil
oder elektrischer Lokomotiven gezogen werden. Das Hinaufschaffen

---

⁵⁹ v. Schulze=Gaevernitz, Der Großbetrieb, S. 200.
⁶⁰ A. a. O., S. 150.
⁶¹ A. a. O., S. 149.

der geförderten Kohle ans Tageslicht geschieht auch jetzt durchweg mit Dampfmaschinen.

Mit dem Verbrauch von Steinkohlen wird man künftig mehr haushalten müssen, um die vorhandenen Lager nicht zu bald zu erschöpfen, resp. sich rechtzeitig an eine möglichst vollständige Aus= nutzung der Wasserkräfte zu machen haben. Neuerdings berechnet allerdings Nasse den Kohlenvorrath Deutschlands zu 109 Millionen Tons,[62] allein man wird doch daran zu denken haben, den gegen= wärtigen Kohlenkonsum nicht noch anschwellen zu lassen, wie es bei der Privatwirthschaft unausbleiblich ist, sondern womöglich zu ver= ringern suchen.

6. Die chemische Industrie.

Dieselbe beschäftigte 1895 102 923 Personen, worin 15 634 Apotheker mit inbegriffen sind. In der Kunstdüngerfabrikation gab es 10 485 Arbeiter. An Superphosphat sollen in Deutschland von 7000 Arbeitern ca. 600 000 Tons hergestellt werden,[63] der Säure= bedarf wird dazu in 70 Schwefelsäurefabriken produzirt. Der Superphosphatbedarf wurde von uns (s. oben) auf 1½ bis 2 Mil= lionen Tons geschätzt, es wären also ca. 15 000 Arbeiter mehr er= forderlich. Auch der Schwefelsäurebedarf würde ja von ⅓ auf etwa 1 bis 1½ Millionen Tons ansteigen und wohl 10 000 Ar= beiter mehr benöthigen. Insgesammt kommen wir so für die chemische Industrie exkl. der Apotheker auf 110 000 Arbeiter.

7. Die Glasfabrikation.

Die Glasfabrikation beschäftigte 1895 ca. 52 388 Arbeiter. Ueber die Menge der hergestellten Produkte sind wir nicht unter= richtet. Vorausgesetzt, daß pro Kopf der Bevölkerung jährlich 3 gewöhnliche Gläser von 250 cbcm und 3 Bier= oder Weinflaschen verbraucht werden, kommen wir auf 180 Millionen Gläser und dito Flaschen. Nach Fischer können vor einem Arbeitsloch eines Regenerativofens stündlich 50 Flaschen gefertigt werden; ein jeder Arbeitsplatz ist mit einem Meister und einem Motzer besetzt.[64] Wir kommen also bei 8stündiger Arbeitszeit auf 200 Flaschen pro Ar= beiter täglich, resp. 60000 jährlich, somit für 180 Millionen Flaschen auf 3000 Arbeiter. Ein Arbeitsstuhl, mit 3 Mann besetzt, verarbeitet täglich bei 8stündiger Arbeit 700 Gläser von 250 cbcm Inhalt.[65]

---

[62] Nasse, Die Kohlenvorräthe der europäischen Staaten, Berlin 1893, S. 34.

[63] Schucht, Die Fabrikation des Superphosphats, Braunschweig 1894.

[64] Chemische Technologie 1893, S. 751.

[65] Industries of Russia, St. Petersburg 1893, S. 235.

Für 180 Millionen Gläser sind also ca. 3000 Arbeiter nöthig. Die Vorarbeiten, das Heizen der Oefen, Beschicken der Glashäfen 2c. dürfte vielleicht ebensoviele Arbeiter erfordern. Was die Anfertigung von Fensterglas anlangt, so produzirte eine Fensterglasfabrik zu Mariemont in Belgien mit 600 Arbeitern monatlich 140000 qm Fensterglas,[66] resp. 2800 qm Fensterglas pro Arbeiter jährlich. Werden nun jährlich 300000 Häuser à 10 Doppelfenster von je 3 qm neu gebaut, so braucht man dazu 18 Millionen qm Fensterglas, resp. 6400 Arbeiter. Die Erneuerung der in den bereits bestehenden Häusern befindlichen Fenster wird die gleiche Arbeiterzahl erfordern. Wir kommen also insgesammt auf 25000 Arbeiter in den Glashütten. Für die Herstellung von Luxusgläsern, geschliffenen Glasgeräthen, Spiegelglas werden wir die gleiche Anzahl ansetzen und brauchen alsdann die gegenwärtige Arbeiterzahl immer noch nicht zu überschreiten.

Das Gesammtgewicht des Glases dürfte folgendermaßen zu berechnen sein: 180 Millionen Flaschen à ³/₄ kg und dito Gläser à 100 Gramm wiegen 153 Millionen kg, 36 Millionen qm Fensterglas à 6 kg = 216 Millionen kg. Inklusive von Spiegelglas 2c. wären es höchstens 500 Millionen kg, zu deren Schmelzung ca. 300000 bis 375000 Tons Kohle erforderlich sein werden, außerdem wären noch ca. 100000 Tons Soda und ebensoviel Kalk erforderlich. (Fischer, Chemische Technologie, S. 753 und 760, für ein Theil Glas 0,5 bis 0,75 Theile Kohle, auf 100 Theile Sand sind 30 bis 40 Theile Soda und ebensoviel Kalk erforderlich.) Gegenwärtig werden blos 12¹/₂ Millionen qm Fensterglas erzeugt.[67] In Zukunft dürften allerdings selbst Arbeiter vielfach Spiegelglas für ihre Fenster vorziehen. Eine Tafelglasfabrik zu Roux fertigte mit 475 Arbeitern und unter Zuhilfenahme von 2 Maschinen von je 1000 Pferdekräften jährlich 150000 qm an polirtem Tafelglase,[68] resp. 316 qm pro Arbeiter.

E. Holzbearbeitungsindustrie.

1. Die Tischlerei und Parquetfabrikation sowie die Zimmermannsarbeiten.

Die Tischlerei und Parquetfabrikation beschäftigte 1895 357108 Arbeiter. An Zimmerleuten wurden 200154 gezählt. Ueber den Bedarf an fertigen Möbeln u. s. w. sind wir wenig unterrichtet. Nehmen wir an, daß in den 300000 neu zu erbauenden Häusern

---

[66] Stahl und Eisen, 1894, S. 951.
[67] Katalog der Chicagoer Ausstellung, S. 137.
[68] Stahl und Eisen, 1894, S. 951.

je 10 Fenster und Thüren vorhanden sind, so sind da je 3 Millionen Thür- und Fensterblöcke herzustellen. Nach Dr. Cohen kostete die Herstellung eines fichtenen Fensterblockes, 2 m lang, 1 m breit, mit dazu gehörigen Winterfenstern, ohne Verzierung im Handbetrieb 10, im Maschinenbetrieb 2,76 Mk.;[69] es wurden 2 Stunden Arbeitszeit der Maschinenarbeiter zu 60 Pf. und die Arbeit des Tischlers zu 1,10 Mk. angesetzt, mithin insgesammt ein halber Arbeitstag zu rechnen sein. Für 3 Millionen Fensterblöcke sind alsdann 5000 Jahresarbeiter zu rechnen. Was die Thüren anlangt, so kostet nach Franz v. Schönebeck eine sogenannte Vierfüllungsthür von Schweden bezogen 21 Mk., in Deutschland gefertigt 26 Mk.; der Akkordlohn dafür betrage in den schwedischen Maschinenwerkstätten eine, in Deutschland fünf Mark.[70] Danach werden wir für eine im Maschinenbetriebe gefertigte Thür ebenfalls nicht über einen halben Arbeitstag anzusetzen haben, somit für 3 Millionen Thüren weitere 5000 Arbeiter. Angenommen jedoch, die Thüren und Fensterblöcke, -Rahmen müßten sorgfältiger und kunstvoller gefertigt sein und die doppelte Arbeitszeit erfordern, so würden doch kaum über 30000, mit dem Einsetzen ꝛc. vielleicht 40000 Arbeiter nöthig sein. Allerdings wäre auch noch ca. ¼ bis ⅓ cbm vollkantiges Bauholz pro Thüre resp. Fenster erforderlich, zusammen 1½ bis 2 Millionen cbm. Die staatlichen Gebäude und die Häuser der Wohlhabenden dürften allenfalls noch weitere 20000 Arbeiter und 1 Million cbm Bauholz zu diesem Zwecke benöthigen.

Was die Herstellung der Fußböden anlangt, so fordern wir auch für Arbeiterhäuser durchweg Parquetböden. In einer Augsburger Parquetfabrik wurden mit 30 bis 50 Arbeitern jährlich 50000 bis 60000 qm Parquetboden angefertigt,[71] also ca. 1500 qm pro Arbeiter. Diese Angabe stimmt mit den Angaben der Leistungsfähigkeit einer Münchener Parquetfabrik, die mit 100 Arbeitern 150000 qm, hauptsächlich Eichenriemenparquet herstellte,[72] und das inklusive des Verlegens der Parquettäfelchen in den betreffenden Wohnungen. Wenn nun die 300000 Arbeiterhäuser je 100 qm Parquet enthalten, zusammen 30 Millionen qm, so sind zu deren Herstellung 20000 Jahresarbeiter nöthig. Für die Häuser der Wohlhabenden und öffentlichen Gebäude setzen wir weitere 5000 an. Der Bedarf an hartem Holze (Eichen-, Buchen-, Eschen-, zum Theil eingeführten tropischen Harthölzern) würde, wenn die 37½ Millionen qm Parquettafeln 2½ bis 3 cm dick sind, ca. 1 Million cbm betragen. Wenn

---

[69] Schriften des Vereins für Sozialpolitik, Bd. 64, S. 551.
[70] Ebenda, Bd. 62, S. 301.
[71] Ebenda, Bd. 64, S. 516.
[72] Kahn, Münchens Großindustrie, 1891, S. 32.

man an Stelle der Eichenschälwaldungen Hochwald entstehen läßt, so dürften die ¹/₂ Million ha nach 60 bis 80 Jahren allein dafür ausreichen, allenfalls müßte man sich auch in den Tropeukolonien an systematische Waldkultur machen.

An sonstiger Zimmermannsarbeit in den neu zu erbauenden Häusern dürfte wenig zu rechnen sein. Die Zwischenwände sind sämmtlich in Eisenfachwerk mit Ziegelausfüllung herzustellen, die Decken in Monier-, Rabitz- und anderen feuersicheren Materialien auszuführen. Die Parquetböden könnten direkt auf Monierdeck-platten, denen man einen Asphaltüberzug gegeben, gelegt werden, was in gesundheitlicher Hinsicht große Vortheile hätte.⁷³ Holzkon-struktionen wären allenfalls noch für die Dachsparren von Vortheil, der Bedarf an Arbeitern würde dazu kaum 10000 überschreiten. Treppen sind vorzugsweise in Stein oder Beton herzustellen. An Dachdeckern könnten 20000 gerechnet werden.

Der Gesammtbedarf an Arbeitern betrug also für die an-geführten Manipulationen 95000, rechnen wir noch 25000 Ar-beiter zur Remonte der vorhandenen Häuser, so kommen wir auf 120000.

Was die Herstellung von Möbeln anlangt, so kann die Leistung auch da noch bedeutend gesteigert werden. Man brauchte jährlich mindestens 300000 bis 400000 neue komplette Wohnungseinrich-tungen. Dieselben könnten in mehreren Hundert Mustern hergestellt werden und dabei doch Massenproduktion möglich sein, indem nach einem jeden Muster Tausende von Möbelstücken, bei Stühlen, Tischen, Sophas Hunderttausende gefertigt werden könnten. Rechnen wir für eine jede Wohnungseinrichtung im Großbetriebe 100 Ar-beitstage, so ist kaum zu bezweifeln, daß man dafür Möbel liefern könnte, deren jetziger Magazinpreis 2000 und mehr Mark beträgt. An Tapezierarbeit könnten außerdem noch für je ein Dutzend Polster-stühle 2 bis 3 Arbeitstage, für 2 bis 3 Sophas die gleiche Zahl, 3 bis 4 Federbetten dito gerechnet werden, zusammen höchstens 10 Tapezierarbeitstage. Das Ankleben von 30 bis 40 Stück Tapeten dürfte 10 weitere Arbeitstage beanspruchen. Wir kommen alsdann für die Arbeiterwohnungen auf 120 Arbeitstage, resp. insgesammt auf 120000 Arbeiter. Angenommen nun, daß die Staats- und anderen Privatgebäude weitere 60000 Arbeiter erfordern, würde der Gesammtbedarf in der Tischlerei, Parquet- und Zimmermanns-branche 300000 Mann betragen. Die Renovation der Möbel in den jetzigen Haushaltungen dürfte allerdings weitere 100000 Mann beanspruchen.

---

⁷³ Vergl. Deutscher Baukalender, 1896, S. 20.

2. Die Klavierfabrikation.

Wir werden annehmen, daß in ein jedes der neugebauten Häuser ein Pianino kommt, und für die Wohlhabenden weitere 30000 Klaviere herzustellen sind. Nach F. Leßner stellte eine Pianino= fabrik in London mit 90 Arbeitern 20 Pianinos wöchentlich her,[74] ein Pianino erforderte mithin 25 bis 27 Arbeitstage. Somit könnten 25000 Arbeiter zur Herstellung von 300000 Pianinos jährlich ge= nügen. Nach Gebauer stellten in Leipzig 1880 vier der größten Pianofortefabriken 736 Flügel im Werthe von 877000 Mk. und 1939 Pianinos im Werthe von 1310000 Mk. her. Beschäftigt waren 623 Arbeiter.[75] Danach zu urtheilen könnte ein Arbeiter kaum mehr als 3 bis 4 bessere Klaviere herstellen. Immerhin werden 35000 Arbeiter für alle Fälle genügen, um 330000 Pianinos und Klaviere anzufertigen. Die jetzige Klavierproduktion beträgt in Deutschland ca. 90000 Stück jährlich.

3. Die Böttcherei.

Dieselbe beschäftigte 1895 55583 Arbeiter, während 1882 noch 58000 Arbeiter vorhanden waren. Offenbar war eine ganz be= deutende Konzentration der Betriebe erfolgt, der Fabrikbetrieb hatte eben Eingang gefunden. Eine Böttchereianlage, die inkl. Gebäuden und Maschinen 100000 Mk. gekostet hatte, konnte nach Dr. Voigt täglich 100 Bierfässer von ¼ bis 1 hl herstellen.[76] Es waren dabei nur 5 bis 6 Arbeiter nöthig. Sonach leistete ein Arbeiter 16 bis 20 Faß täglich, während ein Mann im Handbetriebe nur 2 bis 3 Fässer anfertigen kann. Eine Petroleumfaßfabrik in Geestemünde brachte es noch zu höheren Leistungen. Es waren daselbst 40 Ar= beitsmaschinen vorhanden, die von einer Dampfmaschine von 250 Pferdestärken, welche mit Holzabfällen der Böttcherei geheizt wurde, in Bewegung gesetzt wurden. Das Personal bestand aus 82 ge= lernten Böttchern und 21 sonstigen Arbeitern, die es täglich zu 2500 Faß bringen,[77] ein Quantum, dessen handwerksmäßige Erzeugung 1000 Gesellen beanspruchen würde. Diese Arbeitsleistung war selbst für den großen Bedarf der deutsch=amerikanischen Petroleumgesell= schaft zu hoch, so daß die Fabrik im Jahre 1894 nur 7 Monate arbeitete, die übrige Zeit stille stand. Wenn es nur derartige Böttcherwerkstätten gäbe, so könnte bereits ¹/₁₀ der jetzt beschäftigten Arbeiter ausreichend sein und selbst bei einer Verdreifachung des Faßkonsums, wie wir ihn in Folge erhöhter Bier= und Zement=

[74] Neue Zeit, 1894/95, S. 151.
[75] Gebauer, a. a. O., 2. Band, S. 334.
[76] Schriften des Vereins für Sozialpolitik, Band 64, S. 140.
[77] Ebenda, Band 62, S. 26.

konsumtion anzunehmen hätten, 15000 Arbeiter allen Anforderungen genügen.

F. Die Papierfabrikation.

In Papierfabriken waren 1895 71029 Arbeiter beschäftigt. Die Papierproduktion wird zu 270000 Tons geschätzt,[78] es findet jedoch dabei eine bedeutende Papierausfuhr statt. Wir werden den Bedarf zu 400000 Tons annehmen. Bei der Fabrikation von Holz= papier genügt ein Arbeiter für ca. 40 Tons jährlich.[79] Für die Her= stellung von 300000 Tons Holzpapier würden danach 7500 Arbeiter ausreichen. Zur Herstellung von 100000 Tons besserem Papier werden wir die gleiche Anzahl Arbeiter ansetzen. Des Vergleichs halber ist zu erwähnen, daß die Dachauer Maschinenpapierfabrik bei München mit 560 Arbeitern täglich 500 Zentner Papier, 50 Zentner Strohstoff und 90 Zentner Holzstoff produzirt,[80] es würden also jährlich auf einen Arbeiter 13³/₆ Tons Papier, 1¹/₃ Tons Strohstoff und 2²/₆ Tons Holzstoff entfallen. Die vereinigten Bautzener Papierfabriken stellten 1891 mit 750 Arbeitern und Arbeiterinnen 8235 Tons Papier im Werthe von 3¹/₇ Millionen Mk. her.[81] Das Aktienkapital der ersteren Fabrik betrug 0,9, das der letzteren 2,7 Millionen Mk. Insgesammt würde die Papierfabrikation in Zukunft inkl. Herstellung von Heften, Couverts, Liniirung 2c. schwerlich über 25000 Arbeiter beanspruchen.

G. Die Seifen= und Lichtefabrikation.

In der Seifensiederei werden wir annehmen, daß der Konsum zu 6 kg pro Kopf ansteigt (gegenwärtig wird derselbe kaum auf über 2 kg geschätzt), so daß 360 Millionen kg erforderlich sind. Dieses Quantum könnten 12000 Arbeiter unter Zuhilfenahme von 240000 Tons Talg, mit Zusatz von 60000 Tons calcinirter Soda, 30000 Tons Kalk und 25000 Tons Salz herstellen. Ein Arbeiter reicht zur Fabrikation von 100 kg Seife täglich resp. 30000 kg im Jahre aus.[82] Für die Lichtefabrikation, für die ebenfalls ca. 300000 Tons Talg zur Verfügung stehen, werden wir die gleiche Arbeiterzahl annehmen.

---

[78] Fischer, Chemische Technologie, 1893, S. 1077.

[79] Ebenda, S. 1077.

[80] Kahn, a. a. O., S. 141.

[81] Gebauer, Volkswirthschaft im Königreich Sachsen, Dresden 1893, Band 3, S. 636.

[82] Fischer, a. a. O., S. 1109.

Das Verkehrswesen.

Die gegenwärtigen Leistungen der Eisenbahnen können, im Vergleich zu der Menge Menschen, die sie beschäftigen, und dem vorhandenen rollenden Material durchaus keine glänzenden genannt werden. Die Lokomotiven legen in Deutschland je ca. 23000 bis 24000 Nußkilometer jährlich zurück (vergl. Statistisches Jahrbuch des Deutschen Reiches, 1897, S. 54), was 65 bis 66 km täglich ausmacht, die Personenwagen ca. 120, die Frachtwagen 45 bis 50 Achskilometer (vergl. Eisenbahnarchiv, 1896, S. 1118). Die wirkliche Leistungsfähigkeit könnte doch mindestens das Vier- bis Fünffache betragen. Die geringen Leistungen namentlich im Güterverkehr sind ja auch durchaus erklärlich: entsprechend der Jahreszeit, den Markt- konjunkturen, schwillt derselbe bald gewaltig an, bald ist er wieder- um auf ein Minimum reduzirt. Das Ein- und Ausladen der Güter dauert gewöhnlich Tage lang, die Züge werden nicht eher zusammen- gestellt, als bis eine genügende Anzahl beladener Wagen vorhanden sind. Bei Verstaatlichung der Produktion könnten die Frachtwagen mehrere hundert Kilometer täglich zurücklegen, in wenigen Stunden ein- und ausgeladen werden. Da man ja nicht von einer großen Anzahl Privaten die Waaren zu beziehen hätte, so wäre viel nutz- lose Wartezeit und Lagerung erspart, die landwirthschaftlichen Pro- dukte brauchen nicht erst in die Lagerhäuser der Kaufleute zu gehen, sondern könnten direkt an die Mühlen, Schlachthäuser, Brauereien abgefertigt werden, von da in verarbeitetem Zustande in die staat- lichen Waarenlager, Bäckereien 2c. gelangen. Der Frachtverkehr könnte dabei für alle Tage im Jahre genau regulirt resp. gleich stark gemacht werden. Ein doppelt so starker Frachtverkehr würde schwerlich mehr an Zugpersonal, Arbeitern 2c. erfordern, wenn der Betrieb gleichmäßig wäre. 1895/96 betrug der gesammte Fracht- verkehr in Deutschland 25,1 Milliarden Tonnenkilometer, es wurden ca. 181 Millionen Tons Güter befördert. Die Tagesleistung betrug also 68½ Millionen Tonnenkilometer, resp. wurden ¹/₂ Million Tons Güter 137 Kilometer weit befördert. Die Leistung der Fracht- wagen betrug 10688 Millionen Achskilometer, von Güterzügen wurden 130,2, von gemischten Zügen 31,7 Millionen Zugkilometer

zurückgelegt, so daß also ein jeder Güter- und gemischte Zug im
Mittel 66 Frachtwagenachsen enthielt, und da im Mittel täglich
$\frac{161,9 \text{ Mill.}}{365} = 443\,000$ Zugkilometer geleistet wurden, so würden bei
gleichmäßig vertheiltem Frachtverkehr 1500 Güterzüge à 295 km
Tagesleistung genügt haben. Faktisch gab es 1894/95 außer 15839
Lokomotiven 30354 Personenwagen mit 68736 Achsen und 1296221
Sitz- und Stehplätzen, sowie 322219 Güterwagen mit 3562304 Tons
Ladefähigkeit.[1] 1895/96 hatten die vollspurigen Bahnen 149432 fest
angestellte, 18810 diätarisch beschäftigte Beamte und 200589 Ar-
beiter, zusammen 368831 Angestellte (Statistisches Jahrbuch, 1897,
S. 55). In Personen- und Schnellzügen wurden 186,5 Millionen
Zugkilometer zurückgelegt, wobei die Personenwagen 2882 Millionen
Achskilometer durchliefen. Ein Personen- und Schnellzug hätte
daher im Mittel höchstens 15 bis 16 Achsen enthalten, eigentlich
noch weniger, da die gemischten Züge auch Personenwagen enthielten.
Wäre der Personenverkehr gleichmäßig zu reguliren, so würden täglich ½ Million Zugkilometer zurückgelegt, resp. 1000 Personenzüge
à 500 km Tagesleistung anzunehmen sein. Beim Personenverkehr ist
nun allerdings eine Regulirung nicht möglich, gerade in Zukunft
wird noch viel mehr als es heute der Fall ist, der Sommer zu
Reisezwecken benutzt werden. Denken wir uns den Frachtverkehr
in Zukunft verdoppelt, den Personenverkehr auf das Vierfache angestiegen, so würde das vorhandene rollende Material an Lokomotiven und Frachtwagen wohl noch ausreichen, wenn der Frachtverkehr streng regulirt ist. An Personenwagen dagegen dürfte, vorausgesetzt, daß der Sommerverkehr doppelt so stark ist wie der
Winterverkehr, um ca. 50 Prozent mehr erforderlich sein. Die Ver-
größerung des Zugpersonals würde wohl kaum sehr bedeutend sein
müssen. Gesetzt jedoch, es wären für die 1000 Frachtzüge, à 300 km
Tagesleistung, die täglich mehr abgelassen werden, und vielleicht
4000 mehr eingestellte Passagierzüge, à 500 km, das Personal durchweg neu anzustellen, so würden für die fraglichen 5000 Züge,
bei doppelter Arbeitsschicht (15- bis 16stündiger Fahrt), je 10000
Maschinisten und Heizer und etwa die anderthalbfache Anzahl
Schaffner anzustellen sein, zusammen ca. 50000 Mann. Allerdings
wäre auch eine entsprechende Vermehrung von Weichenstellern erforderlich, resp. müßten für alle stark frequentirten Bahnen Reserve-
geleise gebaut werden. Bei sehr starkem Verkehr werden mitunter
4 Geleise erforderlich sein, je 2 für den Personen- und ebensoviel
für den Frachtverkehr. Gegenwärtig sind freilich von den 45000 km
Vollbahnen erst ca. 15000 km zwei- und mehrgeleisig.

---

[1] Eisenbahnarchiv, 1896, S. 1118.

Sämmtliche landwirthschaftlichen Betriebe, Villenkolonien, staatlichen Waarenlager müßten, soweit sie nicht an einer Vollbahn gelegen sind, den Anschluß einer Kleinbahn von 60 bis 75 cm Spurweite erhalten. Der Verkehr von schwerfälligen Lastfuhrwerken, sowohl auf dem Lande als in den Städten, müßte verschwinden. Zu dem Zwecke wären wohl an 150000 bis 200000 km Kleinbahnen neu zu erbauen. Die industriellen Etablissements, Fabriken, Mühlen, Ziegeleien, müßten unbedingt an Vollbahnen gelegen sein. Der Personalbedarf für die Kleinbahnen wäre, da ja nur an gemischte Züge mit geringer Zuggeschwindigkeit (20 bis 25 km in der Stunde) zu denken ist, kein sehr hoher sein. Werden z. B. 5000 Züge à 300 km Tagesleistung abgelassen, so könnte jeder Ort 10 Mal am Tage von einem Zuge der Kleinbahn berührt werden, es wären an Zugpersonal bei boppelter Arbeitsschicht kaum mehr als 30000 erforderlich. Weichensteller, Wächter ꝛc. würden fortfallen, weil ja jede Kleinbahnstrecke kaum von mehr als einem Zuge befahren würde. Was die Vollbahnen anlangt, so könnten die Güter-, Personen-, gemischten Züge durchweg mit einer Geschwindigkeit von 50 km (in der Stunde) fahren, resp. mit dem unumgänglichen Aufenthalt auf den Stationen 40 km. Bei einer derartigen Geschwindigkeit (50 km in der Stunde) bedarf man auf horizontaler Bahn 0,555, bei 5 Promille = $^1/_{200}$ Steigung 1,5 Pferdekraft für ein Bruttoton. Um also einen Durchschnittsgüterzug von 66 Achsen bei $^1/_{200}$ Steigung zu ziehen, brauchte man ca. 900 Pferdestärken, da das Bruttogewicht ca. 600 Tons erreichen würde. Ein Personenzug aus 15, inkl. der Gepäck- und Postwagen ca. 20 Achsen, würde kaum über 100 bis 125, inkl. Lokomotive 150 bis 200 Tons wiegen und es würde bereits eine Kraft von 300 Pferdestärken zu seiner Fortbewegung genügen. Bei stärkerer Steigung als $^1/_{200}$ würde sich die Geschwindigkeit allerdings verringern, allein das ganze norddeutsche Flachland hat kaum stärkere Steigungen aufzuweisen und selbst in Süddeutschland kommen starke Steigungen nicht häufig vor. Sind nun anstatt der 162 Millionen Zugkilometer in Güter- und gemischten Zügen deren 320 zu leisten, so würden dazu 8 Millionen Lokomotivstunden à 900 Pferdekräfte und wenn pro Pferdekraftstunde 1 kg Kohle verbraucht wird, 7,2 Tons Kohle jährlich erforderlich. Für 500 Millionen Zugkilometer in gewöhnlichen Personenzügen werden ca. 12$^1/_2$ Millionen Lokomotivstunden, sagen wir à 400 Pferdekraft nöthig sein = 12$^1/_2 \times$ 0,4 = 5 Millionen Tons Kohle. Für die Schnellzüge könnte man eine Durchschnittsgeschwindigkeit von 100 inkl. Aufenthalts von 80 bis 90 km pro Stunde annehmen, bei 200 Tons Zuggewicht braucht man zur Ueberwindung von 5 Promille Steigung dann bereits eine Lokomotive von 1000 Pferdekräften. Rechnen wir 240 Millionen Schnellzugkilometer resp. 8 Millionen Lokomotivstunden, so würde der entsprechende Kohlenverbrauch 3 Millionen Tons betragen. Der gesammte Kohlenbedarf für die Lokomotiven würde also 15,2 Millionen Tons betragen. Die Kleinbahnen würden, 60000 Lokomotivstunden täglich à 75 kg Kohle vorausgesetzt, kaum 1,6 Millionen Tons jährlich verbrauchen. Ist die Geschwindigkeit der Frachtzüge die gleiche, wie die der Personenzüge, so würde nicht, wie jetzt, viel Zeit mit dem „Ueberholen" der Züge vergeudet werden, das stundenlange „Bummeln" resp. Verweilen auf den Stationen würde bei doppelgeleisigen Bahnen ganz wegfallen. Und was das Ueberholen durch Schnellzüge betrifft, so würde selbst bei halbstündigem Verkehr von Personen- und Frachtzügen solches nur alle Stunden einmal zu geschehen brauchen.

Rechnen wir noch 50000 neu anzustellende Arbeiter, so werden an Personal für alle Voll- und Kleinbahnen 369000 + 50000 + 30000 + 50000 = 500000 anzusetzen sein.

Außer den eigentlichen Eisenbahnen müßten alle Städte, Villenanlagen 2c. elektrische Trambahnen erhalten. Wir rechneten, daß eine jede Familie ein Grundstück von ¼ ha zum Bau eines eigenen Anwesens und Anlage eines Gartens erhalten könnte. Der bequemeren Straßenanlage wegen müßten solche Grundstücke rechteckig sein, etwa 100 m Länge bei 25 m Straßenfront erhalten. Sind dann alle Bewohner in derartigen Villenanlagen angesiedelt, so würden bei 10 bis 12 Millionen Grundstücken ca. 120000 bis 150000 km neue Straßen erforderlich sein. Verkehrt dann alle 10 bis 12 Minuten, resp. durchläuft 100mal täglich alle Strecken ein elektrischer Wagen mit 25 km Geschwindigkeit, zu dessen Fortbewegung eine Kraft von 10 Pferdestärken in der elektrischen Zentrale erforderlich ist, so braucht man, 600000 Wagenstunden à 10 Pferdekräfte zu je 1 kg Kohle resp. 6000 Tons Kohle täglich, 2,16 Millionen jährlich. An Personal werden ca. 100000 erforderlich sein. Die Anlage der Villenkolonien könnte jedoch nur sehr allmälig geschehen. Es ist nicht zu erwarten, daß die Städte und Dorfansiedlungen verschwinden werden, obwohl namentlich die Städte mit der Zeit gegenüber den ländlichen Ansiedlungen stark zurücktreten würden. Immer jedoch wird es Zentralpunkte geben müssen, von denen aus die Verwaltung geleitet, wo die höheren Schulen angelegt, Museen, Theater 2c. errichtet werden müssen. In den Städten werden die Wohlhabenden auch fürderhin einen Theil des Jahres zubringen, um im Sommer ländliche Ansiedlungen aufzusuchen. Indessen werden auch gewöhnliche Arbeiter sich in Zukunft den Luxus einer Stadt- und Landwohnung gestatten können, wenn sie dafür die nöthige Arbeitszeit opfern wollen.

Wie schon bemerkt, rechneten wir für Deutschland 30000 Bäckereien, ebensoviele Fleischerläden und Kolonialwaarenlager, zugleich Verkaufsstellen von Molkereiprodukten. Naturgemäß könnte mit diesen Verkaufsstätten zugleich eine Post= und Telegraphenanstalt verbunden werden. Für den Post= und Telegraphenverkehr je 5, für die Waarenlager je 10 Angestellte gerechnet, kommen wir auf 450000 beschäftigte Personen, abgesehen von je 4, zusammen 240000 Verkäuferinnen in den Brot= und Fleischläden. Für die Bekleidungs= gegenstände, Möbel ꝛc. könnten außerdem weitere 5000 Läden mit 50000 Angestellten eingerichtet werden.

Für den Verkehr mit fernen Ländern wären 100 bis 120 Schnelldampfer von durchschnittlich 12000 Pferdekraft Maschinen= stärke, für den Frachtverkehr 100 große Frachtdampfer à 6000 bis 8000 Tons Ladefähigkeit und 4000 Pferdestärken einzustellen. Der= artige Frachtdampfer werden bei einer Geschwindigkeit von 13 bis 14 Seemeilen die Reise nach Kamerun in ca. 360, nach Ostafrika in 600 bis 700 Stunden machen können, mithin im Jahre wenigstens 6 Reisen hin und zurück bewerkstelligen und ca. 3,6 Millionen Tons Ladung mitbringen können, was für die in den Tropenkolonien er= zeugten Produkte, Zucker, Kaffee, Cacao, Baumwolle, zum Theil auch Wolle, vollständig reichen würde. Werden auch noch 1,2 Mil= lionen Tons Weizen eingeführt, so wären weitere 30 bis 40 Dampfer erforderlich.

Da jedoch auch die Schnelldampfer Ladung einnehmen könnten, so wären kaum über 100 Frachtdampfer erforderlich. Rechnen wir nun die Besatzung von 120 Schnelldampfern zu je 250, die von 100 Frachtdampfern zu je 60 Mann, so kommen wir auf 36000 Mann Schiffsbesatzung. Die Schnelldampfer wären vorzugsweise für den Personenverkehr mit überseeischen Ländern sowie zu Ver= gnügungsreisen zu benützen. Um mit Nordamerika einen täglichen Dampferverkehr aufrecht zu erhalten, brauchte man höchstens 30 Schnelldampfer, Hin= und Rückreise dauert ja nur je 7 bis 8 Tage. Nach Südamerika könnten 2 bis 3 Dampfer wöchentlich, nach Afrika, Indien, Australien, je 1 wöchentlich abgehen. Etwa 50 Dampfer könnte man dann noch zu Vergnügungsreisen benutzen. Dampfer von 5000 bis 6000 Tons und 12000 Pferdestärken könnten bequem 19 bis 20 Seemeilen die Stunde zurücklegen. An Passagieren könnten dieselben ca. 1000 Personen in der I. und II. Klasse aufnehmen. Das Zwischendeck wäre natürlich aus humanitären Rücksichten auf= zuheben. In 6 Monaten könnte bequem eine Weltreise ausgeführt werden, so daß jährlich 100000 Personen auf den 50 Dampfern eine solche mitmachen könnten. Der Gesammttonnengehalt der Dampfer würde ca. 1½ Millionen betragen mit 1,8 Millionen Pferdestärken, die bei 150tägigem Betrieb ca. 4 Millionen Tons Kohlen erfordern würden.

Für vielleicht 1000 Flußdampfer brauchte man höchstens 10000 Mann Besatzung.

Es ist noch kurz auf den Kohlenbedarf für die industriellen 2c. Betriebe und die Beheizung einzugehen. Wir rechneten für die Eisenwerke 10 Millionen Tons Kohlen und Koaks. Sämmtliche landwirthschaftlichen Zentralen werden bei 3½ Millionen Pferde= stärken à 1000 Stunden und Kilo (an 100 Tagen), sowie 1 Million Pferdestärken (zum Betrieb der kleineren Maschinen, Beleuchtung 2c.) à weitere 1000 Stunden an 265 Tagen, zusammen 4½ Millionen Tons Kohlen beanspruchen. Die Kraftmaschinen für die industriellen Anlagen, ca. 3 Millionen Pferdestärken, werden 2500 Stunden im Jahre thätig sein und dabei 0,8 kg pro Stundepferdekraft an Kohlen verbrauchen, da durchweg größere Maschinen in Betracht kommen, zusammen also 6 Millionen Tons. Für die Ziegeleien waren weitere 3,2, die Bäckereien 2,5, die Zementfabriken 2, die Bier= brauereien 2 Millionen erforderlich. Die Eisenbahnen beanspruchen endlich inkl. Klein= und Trambahnen 19 Millionen Tons, Dampfer 4 Millionen Tons. Der Gesammtbedarf ist daher 49,2 + 4 = 53,2 Millionen Tons. Für den Betrieb der industriellen Anlagen könnte indeß vorzugsweise Wasserkraft in Betracht kommen. Man brauchte ja zu diesem Zwecke den deutschen Flüssen mittelst Stau= anlagen und Turbinen nur 1 Million ständiger Pferdestärken ab= zunehmen, während die Kraft des Wassers in denselben nach den meisten Angaben auf 10 Millionen Pferdestärken im Mittel geschätzt wird. Auch für eine große Anzahl der landwirthschaftlichen Zen= tralen wird sich Wasserkraft verwenden lassen. Endlich kommt noch die Frage in Betracht, ob nicht bei Anwendung von elektrischem Betriebe auf den Eisenbahnen an Kohle gespart werden könnte, indem in großen Zentralen die Erzeugung des nöthigen Kraft= bedarfs weniger Kohle beansprucht, als in den einzelnen Lokomo= tiven. Namentlich bei Verwendung von Mischgas läßt sich bei Motoren von über 100 Pferdekräften der Kohlenverbrauch auf 0,4 kg pro Stundenpferdestärke ermäßigen, während Dampfmotoren selten unter 1 kg verbrauchen.[1]

Für die Beheizung der Wohnhäuser, das Essenbereiten könnte am besten Gas verwandt werden. Es könnten alle geeigneten Kohlen zunächst auf Gas und Koaks verarbeitet werden. Ein Doppelofen mit 18 Retorten liefert in 24 Stunden aus 18 Tons Kohle 5400 cbm Leuchtgas. Zur Feuerung der Retorten sind für 100 kg Kohle 13,3 kg Koaks erforderlich, zur Bedienung 4, statt früher 6 Mann.[3] Es würden dann von 1000 kg Kohle noch 650 kg Koaks und ca. 50 kg Theer übrig bleiben, resp. da man zur Feuerung auch Theer ver=

---

[1] Vergl. Wagner=Fischers Jahresbericht über die Fortschritte der chemischen Technologie, 1894, S. 90 ff.

[3] Fischer, Chemische Technologie, 1893, S. 103 ff.

wenden könnte, 567 kg Koaks. Wird also alle geförderte Kohle ver=
gast, so könnten die 75 Millionen Tons Steinkohlen, die in der
letzten Zeit alljährlich gefördert werden, 22½ Millionen cbm Leucht=
gas liefern und ca. 42,5 Millionen Tons Koaks.

Gesetzt nun, die gesammte Gaserzeugung wäre auf 180 Tage
im Winterhalbjahr konzentrirt, so brauchte man ca. 22 000 derartige
kleine Gasanstalten, die 88 000 Arbeiter erforderten. Bei 12 Mil=
lionen Haushaltungen würden auf jede Haushaltung ca. 1900 cbm
Gas entfallen. Es könnten also an 180 Tagen im Winter je 10 cbm
Gas täglich, im Sommer zur Essenbereitung ꝛc. je ½ cbm verbraucht
werden. Nach Fischer (a. a. O., S. 91) genügen in Deutschland zur
Beheizung eines kleinen Zimmers 2 cbm Gas täglich, 10 cbm werden
daher wohl für die meisten Haushaltungen völlig ausreichen.

Wird also für die industriellen Etablissements und landwirth=
schaftlichen Zentralen Wasserkraft verwandt, so genügt schon die
jetzt geförderte Steinkohle für die übrigen Heizzwecke, mit Ausnahme
allenfalls des Heizbedarfs für die landwirthschaftlichen Betriebe,
Fabrikräumlichkeiten, Staatsgebäude. Allein da gegenwärtig noch
20 Millionen Tons Braunkohle gefördert und ca. 40 Millionen cbm
Holz verbraucht werden, so würde bei einigermaßen vernünftigem
Haushalt der jetzige Gesammtbetrag an Heizmaterial auch noch für
eine um ⅙ angewachsene Bevölkerung reichen. Gewiß ist nicht alle
Kohle zur Erzeugung von Leuchtgas geeignet, das ist aber auch
ganz unnöthig. Wassergas thut dieselben Dienste und vergasen läßt
sich ja auch Holz, Braunkohle ꝛc. Die Beleuchtung könnte vor=
herrschend mittelst Elektrizität bewirkt werden. Eine Pferdestärke
genügt für 10 bis 12 Glühlichter à 16 bis 20 Kerzenstärken und es
könnten bei 12 Millionen Haushalten à 2 Glühlichter während
6 Stunden ½ Million ständiger Pferdestärken für die Beleuchtung
ausreichen, inklusive der Straßenbeleuchtung ꝛc. ca. 600 000 ständige
Pferdestärken erforderlich sein, vorausgesetzt, daß die elektrische
Energie während des Nichtgebrauches in Akkumulatoren aufge=
speichert wird. An Personal für die Instandhaltung der elektrischen
Beleuchtungsanlagen werden wir 12 000 rechnen.

Der Gesammtbedarf an Arbeitern.

Derselbe würde für die bisher durchsprochenen Berufe folgendermaßen anzusetzen sein:

	Arbeiter in Tausenden männliche	weibliche	Nach der 1895er Berufszählung gab es Erwerbsthätige
Landwirthschaft	2 600	200	8 156 045
Landwirthschaftliche Hilfsarbeiten (Behacken)	—	250	—
Müllerei	16	—	103 716
Bäckerei	120	·–	218 502
Fleischerei	120	–·	176 671
Bierbrauerei	80	—	87 000
Tabakfabrikation	—	125	146 719
Schuhmacherei	80	—	402 686
Schneiderei und Wäschekonfektion	—	1 000	804 410
Putzmacherei, Hutmacherei	·–	110	115 475
Textilindustrie	—	630	945 191
Ziegeleien	160	—	183 911
Zementfabriken	80	—	15 000
Glasfabriken	50	–·	52 388
Bergbau und Salinen	420	–·	567 774
Eisenindustrie und Maschinenbau	440	—	1 247 258
Chemische Industrie	110	—	102 923
Tischlerei und Zimmerarbeit	800	—	557 487
Maurer	480	—	485 373
Böttcherei	15	—	55 533
Gerberei	30	—	46 262
Seifen-, Lichter-, Klavierfabrikation	60	—	82 190
Papierfabrikation	25	—	71 029
Gasanstalten und Elektrizitätswerke	100	–·	14 407
Verkehrswesen	646	—	615 331
Staatliche Waarenlager, Brot- und Fleischverkauf	—	590	Handels- gewerbe } 1 205 133
Post und Telegraph	·	150	—
Summa	**5 932**	**3 055**	**16 408 414**

Nicht berücksichtigt, weil der Privatinitiative vorbehalten, können bleiben:

Polygraphische Gewerbe 177 798
Buchbinderei 61 183
Barbiere, Friseure, Wäscherinnen ꝛc. . . . 190 553

Alsdann fallen noch fort 155 555 im Nahrungsmittelgewerbe Beschäftigte (Konditorei, Zuckerfabrikation ꝛc.), 71 232 in der Riemerei und Sattlerei, sowie 82 548 in der Korbmacherei Beschäftigte, inkl. der vorher angeführten 738 769 Erwerbsthätigen. Dagegen sind noch zu berücksichtigen folgende Gewerbe:

Fabrikation von Tapeten 30 643
Holzzurichtung und Konservirung, grobe Holzwaaren . 80 053
Sonstige Holzwaaren 71 577
Wachstuch-, Gummi-, Guttaperchafabrikation. . . . 13 565
195 838

Für diese 195 838 Erwerbsthätigen werden wir unter Berücksichtigung der bisherigen durchschnittlichen Ersparniß an Arbeitsbedarf künftig 100 000 Arbeiter ansetzen. Nicht angeführt im obigen Verzeichniß sind nun noch 259 219 Bauarbeiter (Stubenmaler, Glaser, Dachdecker, Ofner ꝛc.), sowie 260 016 in der Industrie der Erden und Steine Beschäftigte (Steinmetzen, Porzellanarbeiter ꝛc.). Für diese Berufe werden wir ebenfalls eine Reduktion auf 250 000 vornehmen. Was die 987 607 1895 in Bauunternehmung und Bauunterhaltung beschäftigten Personen anlangt, so sind die in dieser Rubrik mitgezählten Eisenbahnarbeiter in unserer Berechnung schon bei den im Verkehrswesen Beschäftigten enthalten. Zur Unterhaltung der übrigen Bauten, Reparaturen ꝛc. werden wir 100 000 Arbeiter ansetzen.

Nicht berücksichtigt war noch der Wein- und Hopfenbau, für den auch ca. 100 000 landwirthschaftliche Arbeiter anzusetzen sein werden.

Der Gesammtbedarf an Arbeitern würde also betragen: 5 932 000 + 550 000 = 6 482 000 Arbeiter männlichen und 3 055 000 weiblichen Geschlechts. Indessen dürfte der Staat selbst für seine Bauten auch in der ersten Zeit nicht über ³/₅—¹/₂ aller Bauarbeiter nöthig haben. Da es nun im Ganzen ca. 1 520 000 Bauarbeiter (inkl. Herstellung und Zurichtung der Baumaterialien) gab, so sind ca. 830 000 männliche Arbeiter abzuziehen. Es bleibt alsdann ein Bedarf von ca. 5,65 Millionen männlichen Arbeitern. Es könnten nun noch 650 000 in der Landwirthschaft, namentlich bei der Viehwartung beschäftigte Leute zweckmäßig durch 750 000 weibliche Arbeiter ersetzt werden, so daß der Gesammtbedarf für den Staatsbetrieb sich auf rund 5 Millionen männliche und 3,8 Millionen weibliche Arbeiter stellt und es wäre eine ca. zehnjährige Dienstzeit der jungen Männer, eine siebenjährige der Frauen erforderlich. 1890 standen in Deutsch=land im Alter von 15—25 Jahren 4 863 609 männliche Personen. Bei einer Bevölkerung von 60 Millionen, auf die die Produktenerzeugung zugeschnitten ist, würde die entsprechende Zahl 15—25jähriger Männer ca. 5,3 Millionen betragen. Es könnte also noch ein Abzug von 5—6 Prozent für die Söhne der Wohlhabenden und alle Die=jenigen, welche sich für die höheren Spezialberufe vorbereiten, zu=gestanden werden. Allerdings wäre es zu früh, die Arbeiter bereits mit 15 Jahren einzustellen, es wäre, wie Eingangs erwähnt, dies zweckmäßiger mit dem 17 Lebensjahre zu thun. Die Verschiebung der Gesammtziffer ist dabei nicht bedeutend. Die Mädchen können schon eher mit 15 Jahren eingestellt werden. 1890 gab es ca. 3½ Millionen weibliche Individuen im Alter von 15—22 Jahren. Bei einer Bevölkerung von 60 Millionen würde es ca. 4 Millionen Frauen in diesem Alter geben und von dieser Zahl wiederum 5—6 Prozent (für die Wohlhabenden ꝛc.) abgezogen, blieben ca. 3,76—3,8 Millionen Arbeiterinnen übrig.

Es ist nun noch der Arbeitsbedarf für die in den Tropen er=zeugten Produkte zu berechnen. Rechnen wir den Kaffeekonsum auf das Vierfache des jetzigen zu 500 Millionen kg angestiegen, so wären dazu bei fruchtbarem Boden ca. 200 000 bis 300 000 ha Land und 200 000 Negerarbeiter erforderlich, deren qualitative und quanti=tative Leistung zur halben Leistung eines weißen Arbeiters gerechnet werden könnte. Für die Zucker= und Rumerzeugung wären 200 000 ha erforderlich und ebenso viele Arbeiter, die dann ca. 2000 Millionen kg Zucker und 300 Millionen l Spiritus herstellen könnten. Die Baum=wollkultur würde ebenfalls ca. ½ Million ha Land und 200 000 Arbeiter erfordern, die von 100 Millionen kg Tabak an 60 000 bis 100 000 Arbeiter. Inklusive der Produktion von Kakao, Vanille ꝛc. würde man ca. 750 000 Arbeiter benöthigen. Da die Bevölkerung von Kamerun und Ostafrika ca. 6½ Millionen beträgt, so brauchte die allgemeine Dienstpflicht für die Schwarzen nicht einmal so lange zu dauern wie für die Weißen. Die Lebens= und Genußmittel, namentlich z. B. Weizenmehl, Bier, dann Baumwollenzeuge könnten dieselben zum Theil von Deutschland beziehen. Wird aber auf den Hochebenen von Ostafrika, resp. theilweise in Südwestafrika selbst Weizen gebaut werden können, so werden zur Produktion von ca. 1½ Millionen Tons 50 000 weiße Arbeiter völlig ausreichen. Für die Schafzucht in Südwestafrika, sowie den Anbau von Süd=früchten würden weitere 50000 weiße Arbeiter genügen. Es könnten z. B. auf 20 000 ha bequem 800 000 Tons Apfelsinen erzeugt werden, resp. 1800 Millionen Stück. 40 000 ha Wein könnten 200 000 Tons Rosinen liefern, weitere 100000 zur Weinerzeugung bestimmt werden unb alsbann an 10 Millionen hl Wein liefern. Gerade in Südafrika werden ja sehr hohe Erträge an Wein, 100, ja 180 hl pro ha erzielt. 160 000 ha bewässerbares Land wird sich schließlich auch in Südwestafrika finden. Die Weinpflanzungen am Rhein könnten, da sie großentheils in kleinen Parzellen zersplittert sind, meist ihren Besitzern belassen werden. Zur Erzeugung der 40 000 Tons Hopfen brauchte man in Deutschland selbst ca. 30 000 bis 40 000 ha Hopfenpflanzungen, die bequem von 100 000 Frauen besorgt werden könnten.

Werth der Produkte und die Vertheilung.

Wir werden bei der Werthbemessung aus leicht ersichtlichen Gründen die heute faktisch bestehenden Detailpreise in Mitteldeutschland unserer Berechnung zu Grunde legen. Es wurden produzirt:

		Mill. Mk.
10 000 Millionen kg Brot (²/₃ Weizen, ¹/₃ Roggen) à 32 Pf.	=	3 200
6 000 = = Fleisch à 180 Pf.	=	7 800
Speisesalz		100
1 000 = = Butter à 220 Pf.	=	2 200
800 = = Käse à 150 Pf.	=	450
2 000 = = Zucker à 60 Pf.	=	1 200
9 = Tons Speisekartoffeln à 60 Mk. . . .	=	540
300 = 1 Spiritus à 2 Mk.	=	600
1 000 = = Wein à 60 Pf.	=	600
12 000 = = Bier à 25 Pf.	=	3 000
300 · = = frische Milch à 12 Pf.	=	360
		20050

An Kolonialwaaren wurden außerdem eingeführt:

500 Millionen kg Kaffee à 250 Pf.	=	1 250
100 = = Tabak à 500 Pf.	=	500
Cacao, Vanille ꝛc.		100
Südfrüchte		200
		22100

Da an Mehl ca. 9,2 Millionen Tons vorhanden waren, für die Broterzeugung jedoch nur ca. 7,2 Millionen Verwendung finden, so könnten die übrigen 2 Millionen theils in die Kolonien ausgeführt, theils in den Haushaltungen als Geflügelfutter in Form von Mehlklößen ꝛc. verwandt, eventuell auch Luxuspferde damit gefüttert werden. Setzen wir dafür 160 Mk. pro Ton an, so kommen wir auf weitere 320 Millionen Mk., insgesammt für alle Nahrungsstoffe und Genußmittel auf 22420 Millionen Mk.

Für die Berechnung des Werthes der Kleidungsstoffe erinnern wir uns daran, daß auf den Erwachsenen jährlich je zwei Anzüge und ein Ueberzieher kamen, und zwar könnte ein reinwollener und ein halbwollener Anzug angenommen werden. Ein Meter Wollen-

zeug von 1,4 m Breite wiegt 300 bis 700 gr, im Mittel 500 gr. Zu einem
Männeranzug sind 3 m Zeug von der fraglichen Breite erforderlich,
welches dann 1,5 kg wiegen würde. Es wären also pro Erwachsenen
ca. 3³/₅ kg Wollenzeug jährlich erforderlich, resp. für 20 Millionen
Erwachsene ca. 67¹/₂ Millionen kg. Die Frauen werden sicher be=
deutend weniger Wolle, dafür aber die gesammte Seide verbrauchen.
Rechnen wir für die erwachsenen Frauen 52¹/₂ Millionen kg Wolle,
so blieben noch 30 Millionen für die Kinder und für den Bezug
der Polstermöbel, zu Bettdecken ꝛc. übrig. Rechnen wir nun für
einen ganzwollenen Anzug 40 Mk., einen halbwollenen 30 Mk., den
Ueberzieher 30 Mk, so würde ein Erwachsener für 100 Mk. Kleider
benöthigen, insgesammt für 2000 Millionen Mk. verbraucht werden.
Wenn nun die Frauenkleidung zu demselben Werth und die der Kinder
zu 1000 Millionen Mk. gerechnet wird, kommen wir auf 5000 Millionen
Mark. Die Wäsche (ca. 400 Millionen Hemden und Beinkleider à ¹/₄ kg,
ca. 60 Millionen kg Hand= und Betttücher ꝛc.) könnte ca. 1600 Mil=
lionen Mk. beanspruchen. Kleider und Wäsche wären somit auf
6600 Millionen Mk. anzusetzen. Die Länge der Baumwollenzeuge
könnte bei 240 Millionen kg Zeug ca. 2100 Millionen m betragen,
resp. 35 m pro Kopf, die der Leinewand (80 Millionen kg) ca.
600 Millionen m, 10 m pro Kopf. Für die Polstermöbel wird
großentheils Wollenplüsch in Betracht kommen. Braucht man z. B.
für ein Sopha 8 m Zeug und für ein Dutzend Polsterstühle 6 m,
so würde, wenn alljährlich 1 Million = ¹/₁₀ bis ¹/₁₂ aller Haus=
haltungen zwei Sophas und ein Dutzend Stühle neu beziehen ließen,
dazu 12 Millionen m = ca. 10 Millionen kg Plüsch= und Wollenzeug
erforderlich sein.[1]
   An Schuhwerk haben wir 150 Millionen Paar angenommen,
die wir wohl zu 1000 Millionen Mk. werden ansetzen können.
   Seife und Stearinkerzen (ca. 600 bis 700 Millionen kg) werden
wir zu rund 500 Millionen rechnen.
   Das produzirte Papier werden wir zu 100 Millionen Mk. an=
rechnen, ebensoviel für Glaswaaren, ¹/₂ Million Klaviere werden zu
120 Millionen Mk. zu rechnen sein.
   Für Möbelfabrikation, Hausbau, Eisenwaaren ꝛc. werden wir
keinen Betrag ansetzen, da solche von den Arbeitern nach abgeleisteter
allgemeiner Dienstzeit durch Weiterarbeit erworben werden könnten.
Die Wohlhabenden, die nicht selbst arbeiten, könnten ihre Häuser,

---

[1] Nach Mulhall, Dict. of Stat., 1892, S. 158, wurden 1887 in
England aus 1499 Millionen Pfund Rohbaumwolle 1346 Millionen Pfund
Garn und daraus 6534 Millionen Yards = 5966 Millionen m Zeug
produzirt; 64 000 Tons Flachs in Deutschland lieferten 260 Millionen
Yards = 238 Millionen m Leinwand (S. 281).

Möbel ꝛc. entweder von den penſionirten Arbeitern bauen, oder
aber durch ſtaatliche Angeſtellte gegen feſtzulegende Taxen aus=
führen laſſen.

Der Geſammtbetrag an Werthen, welche in der ſtatuirten all=
gemeinen Dienſtzeit erzeugt werden, wäre darnach folgender:

Nahrungs= und Genußmittel .	22420	Millionen Mk.
Kleider und Wäſche	6600	⸗ ⸗
Schuhe	1000	⸗ ⸗
Seife und Lichter	500	⸗ ⸗
Sonſtige Waaren	320	⸗ ⸗

$$\text{30840 Millionen Mk.}$$

Dazu kommen jedoch noch ca. 850 Millionen Mk. Erlös für
die Eiſenbahnbillets (den Verkehr vervierfacht, die Billetpreiſe auf
die Hälfte reduzirt gedacht), ca. 100 Millionen Mk. für Seereiſen,
200 Millionen Mk. aus Poſt= und Telegraphenweſen (die jetzigen
Poſteinnahmen betragen 250 Millionen Mk., es würde in Zukunft
eine Menge von Geſchäftsbriefen und kleinen Sendungen wegfallen,
dafür die Zahl der Zeitungen und Bücherſendungen anwachſen). Für
die Beheizung der Häuſer mit Gas könnten 2½ Pfennig pro cbm
= ¼ bis ⅕ des jetzigen Preiſes erhoben werden, es würden dann
für 22 Milliarden cbm immer noch 550 Millionen Mk. reſultiren.
Endlich könnten noch die ſtaatlichen Theater (darüber weiter unten)
ca. 600 Millionen Mk. einbringen. Dieſe Poſten zu den oberen
abdirt, ergiebt eine Geſammteinnahme von 33140 Millionen Mk.

Von dem obigen Ertrage könnten für ca. 450 Millionen Mk. in
Waaren und Lebensmitteln an die 750000 ſchwarzen Arbeiter in
den Tropen gezahlt werden, wobei für jeden Arbeiter 600 Mk.
reſultiren, die gegenwärtige Entlöhnung iſt nur ½ bis ⅓ ſo hoch.
Es würden alſo 32690 Millionen Mk. für die Vertheilung in
Deutſchland übrig bleiben. Davon iſt nun zunächſt der Kapital=
zins für die abgelöſten Produktionsmittel abzuziehen, alsdann die
Beamtengehälter zu berückſichtigen und der Reſt unter dem phyſiſch
arbeitenden Theil der Bevölkerung zu vertheilen.

Das geſammte Volksvermögen in Preußen iſt bekanntlich neuer=
dings (1893) amtlicherſeits zu 73,8 Milliarden Mk. berechnet worden.
Für ganz Deutſchland würden ſich, unter Feſthaltung der gleichen
Proportion, ca. 125 Milliarden Mk. ergeben. Von dem obigen
Betrage dürften jedoch ca. 10 Milliarden Mk. in Effekten fremder
Staaten beſtehen, die ſelbſtredend bei der Verſtaatlichung unberück=
ſichtigt bleiben müſſen. Alsdann betrug der Werth der ſtädtiſchen
Wohnhäuſer in Preußen ca. 13 Milliarden, für ganz Deutſchland
ſomit wohl 21 Milliarden. Die Einfamilienhäuſer wären da über=
haupt nicht, die Miethkaſernen nur auf Wunſch der Beſitzer zu

übernehmen. Die Besitzer der theueren Miethläden und überhaupt der Häuser in den Geschäftsvierteln würden sicher auf Verstaat= lichung dringen, da sie ja sonst nicht mehr zu ihrem Gelde kommen könnten, nachdem die Waarenlager verstaatlicht sind. Da ist nun zu beachten, daß der Werth des städtischen Bodens oft ¹/₃ bis ¹/₂ vom gesammten Hauswerthe beträgt. Dieser fiktive Werth würde natürlich hinfort verschwinden und die Besitzer würden sich an dem Staat schadlos halten müssen. Der Staat hätte also da ca. 10 Milliar= den zu opfern, für die anderen 10 bis 11 Milliarden, den reellen Hauswerth, könnte er allerdings (soweit die Häuser verstaatlicht sind) Miethe erheben und daraus die Zinsen an die früheren Be= sitzer bezahlen. Es wären also an eigentlichen Ablösungsfonds bloß 105 Milliarden aufzuwenden (wenn die ländlichen Wohnhäuser den Inhabern ohne Miethe verbleiben). Es wurde jedoch Eingangs be= merkt, daß die Besitzer von Grund und Boden um 20 bis 25 Prozent über den Realwerth entschädigt werden müßten, da sonst sehr viele von ihnen kaum etwas übrig behalten würden. Rechnen wir also recht liberal, 10 Milliarden auf die Ueberbezahlung von Grund und Boden und weitere 10 Milliarden auf den Kapitalanwachs in den nächsten 10 Jahren (vorausgesetzt, daß die Verstaatlichung nach 10 Jahren beginnt), so kommen wir wieder auf 125 Milliarden, sagen wir rund 130 Milliarden, um möglichst wenige Interessen zu verletzen. Der übliche Zinsfuß für sichere Werthe beträgt nun gegenwärtig kaum über 3 bis 3¹/₄ Prozent. Wir werden jedoch annehmen, daß volle 3¹/₂ Prozent zu zahlen wären. Alsdann kommen wir auf 4560 Millionen Mk. jährliche Zinsentschädigung für die abgelösten Werthe. Mit einem solchen Arrangement würden sich die Kleinkapitalisten sicher zufrieden geben. Die Großkapitalisten, denen hinfort die Möglichkeit der Kapitalanhäufung in infinitum abgeschnitten wäre, würden natürlich ihre bezahlte Presse, Himmel und Erde in Bewegung setzen, um die soziale Bewegung zu er= würgen. Deren Widerstand aber wäre, da es sich doch dabei faktisch nur um ein geringe Anzahl Personen handeln würde, nicht allzu= schwer zu überwinden.

Was die höheren Spezialberufe anlangt, so würde gerade der Sozialstaat, wenn er leistungsfähig werden soll, eine bedeutende Vermehrung der gelehrten Kräfte nöthig haben. Die landwirth= schaftlichen Betriebsleiter müßten durchweg höhere Ausbildung er= halten, die Zahl der Verwaltungsbeamten mit höherer juristischer und nationalökonomischer Vorbildung müßte bedeutend erhöht werden, auch das technische Personal trotz größerer Konzentration der Pro= duktion eine Vermehrung erfahren. Die Zahl der Lehrer müßte bedeutend höher sein, um allen Anforderungen zu genügen, und auch an Aerzten könnte es mehr geben, wenn das Ausbrechen von Seuchen verhindert, die ganze Gesundheitspflege gut organisirt werden soll. Die Remuneration könnte nach der Höhe der jetzigen Remuneration in den betreffenden Berufen zugemessen, für manche Berufe, wie die der Lehrer, Landwirthschaftsbeamten, bei Forderung höherer Bildung bedeutend erhöht werden. Vorläufig wären auch, namentlich bei schnellem Fortgang der Verstaatlichung, tüchtige Praktiker ohne höhere Vorbildung den landwirthschaftlichen Betrieben vorzusetzen.

Es könnten ca. 30000 Schulen, auf 2000 Einwohner eine, bestehen. Die Anzahl der Lehrer und Lehrerinnen könnte je 6 betragen, so daß bei allgemeiner Schulpflicht und ca. 400 Schülern auf je 30 bis 35 Schüler ein Lehrer käme. Dabei würde dann die Ueberbürdung der Lehrer wirksam vermieden werden können. Als mittlere Entschädigung könnte man für einen Lehrer 3500 Mk. (z. B. beginnend mit 2500 bis 4500 Mk. ansteigen), eine Lehrerin 2500 Mk. ansetzen, bei freier Wohnung im Schulgebäude. Die gesammte Remuneration der 360000 Lehrer und Lehrerinnen würde also 1080 Millionen Mk. betragen.

Die 100000 landwirthschaftlichen Betriebsleiter müßten im Durchschnitt an Gehalt 3000 Mk. und an Extraprämien 1500 Mk., zusammen ca. 4500 Mk. beziehen. Der Gesammtbedarf würde dann 450 Millionen Mk. betragen.

An eigentlichen Verwaltungsbeamten kommen zunächst die Leiter der 30000 staatlichen Waarenlager in Betracht, die zugleich die Kassenverwaltung zu übernehmen, resp. den Arbeitern die Pensionen auszuzahlen hätten. Außerdem werden noch 20000 Personen als Richter und sonstige Verwaltungsbeamte 2c. Verwendung finden können. Die Gesammtzahl der Beamten mit höherer juristischer und nationalökonomischer Vorbildung zu 50000 angesetzt, würden an Gehalt, unter Zugrundelegung der heutigen Verhältnisse, im Mittel je ca. 5000 Mk., zusammen 250 Millionen Mk. erforderlich sein. Die meisten dieser Beamten könnten ebenfalls freie Amtswohnungen bekommen, namentlich die Leiter der Waarenmagazine müßten daselbst ihre Wohnungen erhalten.

Für die höheren Verwaltungsbeamten müßten natürlich, genau wie jetzt, Gehälter von 6000 bis 10000 Mk., resp. 15000 bis 20000 Mk. festgesetzt werden. Die Anzahl solcher Personen wäre jedoch keine sehr große. Zu Kopisten-, Schreiber- und dergleichen Arbeiten würden sich natürlich alle Arbeiter eignen. An Aerzten rechnen wir 30000 (jetzt ca. 16000), deren staatliche Remuneration ebenfalls 5000 Mk. im Mittel betragen könnte. Den Aerzten müßte es natürlich freistehen, auf die Staatsbesoldung zu verzichten und dann keine bestimmten Verpflichtungen zu übernehmen, sondern Kranke nur gegen Honorar zu behandeln. Letzterer Modus würde von tüchtigen Spezialisten bevorzugt werden.

An technischen Beamten, Chemikern, Maschinen= und Wege=
bauingenieuren, Architekten 2c. wären ca. 25000 zu rechnen, deren
Gehalt ebenfalls im Mittel zu 5000 Mk. anzusetzen. Die Fabrik=
leiter und Direktoren müßten natürlich höhere Remuneration,
10000 bis 20000 Mk. beziehen und namentlich auch Prämien für
tüchtige Leistungen erhalten. Rechnen wir für die 25000 Beamten
125 Millionen Mark und für 2000 bis 3000 Direktoren 2c. im
Ganzen an Gehalt und Prämien 75 Millionen Mk., zusammen
200 Millionen Mk.

An Maschinisten für die landwirthschaftlichen Zentralen, die
Eisenbahnlokomotiven und Dampfer wären ca. 30000 zu rechnen,
die 120 Millionen Mk. Gehalt beziehen könnten.

An Universitätslehrern (Professoren und Dozenten) giebt es
jetzt ca. 2000, an Real= und Gymnasiallehrern 7000 bis 8000.
Deren Anzahl müßte bei dem starken Bedarfe von Leuten, die sich
den höheren Spezialberufen widmen, etwa verdoppelt bis verdrei=
facht werden. Nehmen wir 20000 Gymnasial= und Reallehrer mit
5000 Mk. Durchschnittsgehalt und 6000 Professoren und Dozenten
mit 8000 Mk. an, so kommen wir auf 148 Millionen Mk. Die
Vorlesungshonorare könnten bestehen bleiben, damit tüchtige Kräfte
eine höhere Entschädigung erhalten könnten. Eine bestimmte An=
zahl, z. B. 1000 Privatdozenten, müßten ebenfalls eine kleine Re=
muneration, z. B. 1200 bis 1500 Mk. beziehen, da sonst gerade viel=
fach sehr tüchtige Kräfte verhindert werden könnten, die gelehrte
Laufbahn einzuschlagen und dieselbe, gerade wie jetzt, fast aus=
schließlich ein Privilegium der Wohlhabenden bleiben würde.

Was die Pflege der Kunst anlangt, so müßte der Staat die
Kunstakademien erhalten und alljährlich eine bestimmte Quote zur
Neuanschaffung von Kunstwerken für die öffentlichen Gebäude,
Museen 2c. bestimmen. Wir werden für diese Zwecke 30 Millionen
Mark annehmen.

An Theatern hätte der Staat ca. 2000 zu erbauen, an denen
je etwa 60 Personen angestellt werden können, die in den Konserva=
torien höhere Ausbildung erhalten haben. Wir rechnen für die
Musikkapelle im Durchschnitt 25 Personen, an Schauspielern und
Schauspielerinnen 40 Personen. Die fehlenden Kräfte bei größeren
Vorstellungen könnten von den älteren Schülern genommen werden,
die nöthigen Arbeiter müßte der Staat stellen, der auch für Be=
leuchtung, Ausstattung, Dekorationen 2c. Sorge zu tragen hätte.
Nehmen wir für die 50000 Musiker, 80000 Schauspieler und
2000 Dekorationsmaler eine mittlere Remuneration von 4000 Mk.
an, so kommen wir auf 528 Millionen Mk., incl. der Auslagen für
die Konservatorien auf ca. 540 Millionen Mk. Rechnet man in
den staatlichen Theatern im Durchschnitt 1500 Steh= und Sitzplätze,

so könnten an ca. 250 bis 300 Vorstellungen im Jahre 750 bis 900 Millionen Personen theilnehmen. Es könnte jeder Erwachsene 20 Mal im Jahre das Theater besuchen.

Um erste Kräfte zu entschädigen, müßten eine Anzahl von Theatern höhere Budgets erhalten und dafür auch höhere Preise für die Billets erheben. Der mittlere Billetpreis bei voller Besetzung würde zu nur 60 bis 80 Pf. gerechnet, und es ist sicher zu erwarten, daß alsdann wenig Plätze leer stehen würden.

Für die ca. 30000 Geistlichen hätte der Staat an 100 Millionen Mk. zu zahlen.

Die 25000 Offiziere müßten ebenfalls behalten und alsdann im Mittel mit 5000 Mk., zusammen mit 125 Millionen Mk. entschädigt werden. So lange das Verhältniß der Staaten ein gespanntes bleibt, ist ja an ein Abrüsten und demgemäß Vernachlässigen der militärischen Ausbildung nicht zu denken. Es würde wohl auch eine etwa einjährige allgemeine Militärpflicht beibehalten werden müssen. Ein direkter Uebergang zum reinen Milizsystem wäre jedenfalls bedenklich. Eine einjährige Dienstpflicht würde für die militärische Ausbildung wohl genügen, da ja alle jungen Leute hinfort die Schulbildung erhalten würden, die für das heutige Einjährig-Freiwilligenexamen gefordert wird, außerdem könnte ja bereits in der Schule eine gewisse militärische Vorbildung erworben werden.

Die Theorien von der allgemeinen Verbrüderung, ewigem Frieden 2c. nehmen sich auf dem Papier recht schön aus. Die Gewalt des Egoismus, das Suchen des eigenen Vortheils ist jedoch sowohl bei Einzelnen als bei Nationen noch so groß, daß jeder Staat und jede Nation bei der künftigen „Vertheilung der Erde" sicher nur so viel erhalten wird, als sie reale Machtmittel besitzen, um ihre Forderungen auch im Ernstfalle vertreten zu können. Als Sozialstaat würde nun Deutschland ganz andere Machtmittel aufbieten können, als es heute der Fall ist und unter keinen Umständen bei Völkerkonflikten zu kurz zu kommen brauchen. Gegenwärtig, beim Bestehen der kapitalistischen Ordnung, ist ein Ueberbieten nicht nur von England, sondern auch von Frankreich in der Flottenrüstungsfrage ganz undenkbar. Der Widerwille gegen die „uferlosen" Flottenpläne ist sehr begreiflich, weil sie zu sehr in die Tasche des Steuerzahlers greifen und Deutschland doch nicht mit England rivalisiren könnte, einfach, weil England riesige fremde Länder ausbeutet, seinen Interessen dienstbar macht. Bei der Verstaatlichung kosten die Kriegsschiffe nur Material und Arbeit, eine vierteljährliche Abditional-Dienstzeit für die Männer würde 125000 für den Kriegsschiffbau verfügbare Arbeiter schaffen und genügen, um in 3 bis 4 Jahren eine Flotte zu bauen, mächtiger als die von England. Deutschland würde auch in Zukunft stets überlegen bleiben können, weil es mehr

Einwohner besitzt. England hat bereits viel mehr Land okkupirt, als seiner europäischen Bevölkerungszahl entspricht, es müssen hinfort auch andere Nationen mehr zu ihrem Rechte kommen.

Der Gesammtbedarf an Gehältern und Remunerationen für die höheren Spezialberufe wäre folgender:

360000 Lehrer	1080	Millionen Mk.
100000 landwirthschaftl. Betriebsleiter .	450	= =
50000 Verwaltungsbeamte	260	= =
28000 technische Beamte	200	= =
30000 Maschinisten	120	= =
26000 Gymnasial= und Universitätslehrer	150	= =
132000 Theaterpersonal	540	= =
55000 Geistliche und Offiziere . . .	225	= =
	3825	Millionen Mk.

Für die Studirenden könnten ca. 50000 staatliche Stipendien à 1000 Mk. eingerichtet werden.

Außerdem wären noch die Pensionen für diese Berufe in Betracht zu ziehen. Wenn die Beamten, Lehrer ꝛc. durchschnittlich mit 60 Jahren in den Ruhestand treten, so würden den 781000 aktiven Beamten im Alter von 25 bis 60 Jahren kaum 160000 ausgediente gegenüberstehen. Es wäre jedoch wünschenswerth, die Pensionirung früher eintreten zu lassen, etwa vom 55. Jahr an. Wird dann das Durchschnittsgehalt als Pension weiter bezogen, so würde daraus eine Auslage von ca. 950 Millionen Mk. resultiren. Die Gesammtauslage für die Beamten incl. Pensionen würde also 4275 Millionen Mk. betragen, und da der Kapitalzins zu 4550 Millionen Mk. gerechnet wurde, so würden Kapitalzins, Stipendien und Remunerationen der Spezialberufe 8875 Millionen Mk. von den 32690 Millionen Mk. des Staatsbudgets beanspruchen, also blos etwas über ¼, während fast ¾ für die Arbeiter verbleiben. Damit könnten sich dieselben sehr wohl zufrieden geben, zumal sie ja im späteren Leben Gelegenheit haben, durch Weiterarbeit ihre Einnahmen zu vergrößern, was bei den Spezialberufen nicht der Fall ist. Gegenwärtig bezieht die Masse des Volkes, etwa ⁹/₁₀, blos die Hälfte des Volkseinkommens.

Von den 23815 Millionen Mk., die für die Arbeiter verbleiben, sind zunächst zu entschädigen Diejenigen, die die eigentliche Dienstzeit durchmachen. Es gab ihrer ca. 8,6 Millionen. Setzen wir ihre Remuneration zu 700 Mk. für die Frauen, 800 Mk. für die Männer an, bei freier Wohnung, so kommen wir auf 5 × 800 + 3,6 × 700 = 6520 Millionen Mk. Es wird meistens nothwendig sein, auch bei den industriellen Anlagen besondere Arbeiterwohnungen zu bauen, bei den landwirthschaftlichen ist das selbst=

verständlich. Natürlich dürfen es keine Kasernen sein, sondern es muß für jeden Arbeiter, resp. Arbeiterin mindestens ein eigenes Zimmer vorhanden sein. Daß die Arbeiter vor Ableistung ihrer allgemeinen Dienstpflicht in die Ehe treten, wäre nicht zu befür= worten, sowohl aus praktischen, als aus gesundheitlich physiologischen Gründen. Vor dem 25. Lebensjahr hat ja in unserem Klima auch der Mann, vor dem 20. die Frau kaum die volle physische Ent= wicklung erlangt. Es wäre sicher kein Schade, wenn die Männer nicht vor dem 27., die Frauen nicht vor dem 22. Jahre heirathen. Gerade bei den gelehrten Berufen findet auch heute die Heirath selten vor dem 30. Jahre statt. Was die Pension für diejenigen Personen be= trifft, die die allgemeine Arbeitspflicht abgeleistet haben, so könnte man folgendermaßen rechnen: Es gab 1890 in Deutschland 15,5 Mil= lionen männliche und 16,58 Millionen weibliche Individuen über 15 Jahren. Bei einer auf 60 Millionen angewachsenen Einwohner= schaft würden die entsprechenden Zahlen 18,64 Millionen für die männliche, 19,84 Millionen für die weibliche Bevölkerung betragen. Davon gehen nun ab je 1 Million Wohlhabende und in den höheren Spezialberufen Beschäftigte, resp. auch die Studirenden. Da die männliche Bevölkerung erst mit 17 Jahren arbeitet, so ist eine weitere Million Männer zu streichen. Es bleiben dann 16,64 Millionen, resp. von den 5 Millionen Arbeitern abgesehen, 11,64 Millionen Pensionsberechtigte. An Frauen würde es 19,84 — 3,6 — 1 = 15,24 Millionen Pensionsberechtigte geben. Man könnte nun die Pension für die Männer zu 800 Mk., die der Frauen entsprechend der ge= ringeren Arbeitszeit und =Leistung zu 450 Mk. ansetzen. Wir hätten dann 11,64 Millionen × 800 = 9312 Millionen Mk. Männer= und 15,24 Millionen × 450 = 6858 Millionen Mk. Frauenpensionen, zu= sammen mit der Remuneration der Arbeiter 9312 + 6858 + 6520 = 22690 Millionen Mk. zu zahlen, so daß von den 23815 vor= handenen Millionen Mk. 1125 Millionen Mk. übrig bleiben, welche zur Erziehung der Waisenkinder werden verwendet wer= den müssen.

Das Einkommen, resp. die Pension einer Arbeiterfamilie würde also 1250 Mk. betragen können, was nicht sonderlich hoch erscheint. Es ist jedoch zu berücksichtigen, daß von diesem Einkommen keine Wohnungsmiethe zu zahlen sein wird, da Jeder im Stande sein wird, durch Weiterarbeit selbst ein Haus, resp. einen Antheil an einer Stadtwohnung zu erlangen. Obst, Gemüse ꝛc. wird auch eine jede Familie selbst ziehen können, resp. davon noch einen Ueberschuß an die Wohlhabenden verkaufen. Es ist sicher anzunehmen, daß von den 8875 Millionen Mk., die die Wohlhabenden beziehen, noch indirekt, durch Dienstleistungen, Arbeiten in Luxusbranchen ꝛc., etwa die Hälfte den Arbeitern zu gute kommen wird

Ein solches Endresultat sticht nun freilich gewaltig ab gegen die Phantasien eines Fourier, Hertzka, Flürscheim, Bellamy e tutti quanti. Dafür hat es den Vortheil, daß der reale Boden nicht verlassen ist. Immerhin wäre, gegenüber den jetzigen Zuständen, eine Verdoppelung bis Verdreifachung des Arbeitseinkommens erreicht und das bei einer auf die Hälfte rebuzirten Arbeitszeit; auf den aktiven Arbeiter würde je ein Jahresverdienst von $\frac{23815}{8,6} = 2768$ Mk. entfallen, welche Summe eben aus Zweckmäßigkeitsgründen nicht sofort ausgezahlt, sondern als Pensionsfonds anzusehen wäre.

Um Mißverständnissen resp. Argumentationen à la Eugen Richter von der Dürftigkeit des Einkommens im Sozialstaat vorzubeugen, ist noch einmal scharf hervorzuheben, daß die 82,7 Milliarden des Staatsbudgets ja nicht das gesammte Nationaleinkommen, die 16,2 Milliarden an Arbeiterpensionen nicht das gesammte Einkommen der Arbeiter nach Ableistung der Arbeitszeit für den Staat bedeuten. Zunächst bemerken wir, daß im Verhältniß zu den heute faktisch bestehenden Preisen mehrere wichtige Posten recht niedrig angesetzt sind, namentlich ist die Eisenbahn- und Theaterbenutzung kaum zum halben Preise gerechnet, was allein eine Differenz von ca. 1½ Milliarden bedeutet. Auch die Brotpreise sowie die Beheizung ist recht niedrig angesetzt. Gar nicht erwähnt sind die heute bestehenden direkten Steuern, die ebenfalls ca. ½ Milliarde insgesammt betragen (die indirekten Steuern, Handelsgewinne ꝛc. sind natürlich im Preise der Waaren enthalten). Diese Posten würden bei einer recht scharfen detaillirten Berechnung zusammen ein Plus von ca. 8 Milliarden ergeben. Weiter aber ist zu beachten, daß heute die städtischen Arbeiter ca. ¼ ihres Einkommens für Wohnungsmiethe ausgeben müssen. Das würde zu den berechneten Arbeiterpensionen von 16,2 Milliarden einen Zuschlag von ca. 5,4 Milliarden bedeuten, wie denn auch oben bereits angenommen wurde, daß 0,83 Millionen Arbeiter für den Bau privater Arbeiterwohnungen thätig sein dürften (das faktische Einkommen der direkt in den Staatsbetrieben beschäftigten Arbeiter dürfte inkl. des Miethwerths der bewohnten staatlichen Häuser zu 800 + 200 und 700 + 200 Mk. = 1000 resp. 900 Mk. zu rechnen sein). Alsdann werden sicher für ca. 5 Milliarden Gegenstände für die wohlhabenden Klassen und die in den Spezialberufen thätigen Personen herzustellen sein. Das würde also zusammen einen Zuschlag von ca. 13,4 Milliarden zu dem 16,2 Milliarden betragenden Pensionseinkommen der 26,8 Millionen männlichen und weiblichen Personen bedeuten, die den Staatsdienst abgeleistet haben, resp. eine Erhöhung des Einkommens derselben um je 500 Mk. Angenommen nun auch, daß für alle diese

Arbeitsleistungen eine mittlere Additionalarbeitszeit von je 4 Jahren nöthig ist (was schon sehr hoch gerechnet ist, da wir als mittleren Jahresverdienst für die Arbeiter im Staatsbetrieb trotz des Abzugs für Kapitalzins 2768 Mk. berechneten und bei 4jähriger Zuschlags= arbeit ca. 4 Millionen Arbeiter. thätig wären), so wäre doch der Mann mit dem 31. bis 32., die Frau mit dem 26. bis 27. Lebensjahr mit all diesen Zuschlagsarbeiten fertig und dieselben würden schon von dem Zeitpunkt an, wo sie den allgemeinen Staatsdienst ab= geleistet haben, dem heutigen Realwerthe nach ein Einkommen von 800 + 500 und 450 + 500 resp. 1300 und 950 Mk., die aus Mann und Frau bestehende Familie also 2250 Mk. beziehen. Damit ist ja aber für den Arbeiter die Möglichkeit, im späteren Leben sein Einkommen zu erhöhen, nicht erschöpft. Es werden sich doch die wenigsten Menschen mit 31 bis 32 resp. 26 bis 27 Jahren zur Ruhe setzen wollen. Vielmehr ist zu erwarten, daß dieselben sich im späteren Alter großentheils Luxusindustrien zuwenden werden, um ihr Leben komfortabler zu gestalten, zum Theil aber werden künftig auch Ar= beiter ihren Aufenthalt im Winter nach dem Süden verlegen wollen. Denken wir uns z. B., daß von den restirenden ca. 14,4 Millionen Frauen ca. 8 Millionen sich im Jahre 3 Monate in der Seiden= industrie beschäftigen, so könnten sie je 5—6 kg, zusammen ca. 40 bis 50 Millionen kg Seidenstoffe im heutigen Werthe von 4—5 Mil= liarden Mk. herstellen und damit einen Kleiderluxus entfalten, der alles „schon Dagewesene" weit in den Schatten stellte. Allerdings wäre für eine derartige Ausdehnung der Seidenindustrie ca. 1 Mil= lion ha mit Maulbeerbäumen bepflanzte Fläche erforderlich, wie sie in nächster Nähe wohl nur in Nordafrika (Marokko oder Barka) erhältlich wäre. Es könnten z. B. zu Garten= und Villenanlagen daselbst 2—3 Millionen ha Land erworben werden. Für den Sozial= staat wäre es gar nicht zu schwierig, einer für unsere Verhältnisse märchenhaften Steigerung des Reisebedürfnisses Rechnung zu tragen. Nehmen wir an, es wollten jeden Herbst sich 8 Millionen Familien an den Strand des Mittelmeers versetzen, um im Frühjahr wieder zurückzukehren, so wären dazu 8000 Dampfer à 1000 Kabinen er= forderlich. Die Reisedauer würde, wenn die Küste von Marokko als Ziel und Rotterdam als Abgangshafen gewählt wird, in Dampfern mit mäßigem Kohlenverbrauch à la Patria und Pallatia ca. 4 Tage betragen; es könnten also, wenn die Frühjahrs= und Herbstreisezeit auf je 2¹/₂ Monate beschränkt wird, 1000 Dampfer je 8 Seereisen ausführen, um diese „Völkerwanderung im großen Stil" zu ermöglichen. Der Kohlenverbrauch für diese Dampfer würde je 600 Tons für Hin= und Rückreise, zusammen für die 16000 im Frühjahr und im Herbst auszuführenden Reisen ca. 9,6 Mil= lionen Tons betragen, zu deren Förderung ca. 30000 Jahresarbeiter genügen. Den Neuwerth eines jeden solchen Dampfers zu 3 Millionen Mk. gerechnet und unter der Voraussetzung, daß jährlich 15 Prozent an Amortisation und Reparaturen nothwendig sind, wäre eine weitere Jahresausgabe von 450 Millionen Mk. erforderlich, resp. ca. 150000 Jahresarbeiter. Die Besatzung selbst zu je 200 Mann gerechnet, bekommen wir noch 200000 Mann. Zusammen wären also bloß ca. 980000 Jahresarbeiter erforderlich, um diese ganze Hin- und Rückwanderung zu bewerkstelligen. Wenn die Männer und Frauen nach dem 31. resp. 26. Lebensjahr nur je $^1/_4$—$^1/_5$ des Jahres arbeiten, so haben sie schon damit die Möglichkeit, ihr Einkommen dem heutigen Werthe nach mindestens um je 500—700 Mk., das Familieneinkommen mithin auf ca. 3250—3500 Mk. zu erhöhen, womit sie sich dann besser stellen würden als heutige Bürgerfamilien mit 5000 Mk. Einkommen, weil ja bei den Arbeiterfamilien die Sorge für die Kindererziehung mit dem erreichten 15. bis 16. resp. 17. bis 18. Lebensjahr der Kinder aufhörte, welche Letzteren alsdann in das allgemeine Arbeiterheer eintreten.

Schluß.

Wir stehen am Schlusse unserer Untersuchung. Sie konnte, wie Eingangs bemerkt, nur ein approximatives Bild geben. Es sind noch eine große Anzahl Spezialuntersuchungen anzustellen, Experimente vorzunehmen, um zu völlig exakten Resultaten zu gelangen. Doch sind ja die Ansätze in der vorliegenden Arbeit so vorsichtig gemacht, daß bei den technischen Fortschritten der Jetztzeit und einer Hebung der Lebenshaltung und damit der Leistungsfähigkeit der Bevölkerung in Zukunft sich bei genauen Untersuchungen, resp. in der Praxis, noch eine Verminderung im Arbeiterbedarf herausstellen würde. Genaue Forschungen sind auch anzustellen über die Länge des Normalarbeitstages in jeder Branche. So viel ist jedenfalls schon sicher, daß bei anstrengenden Berufen in 8 Stunden die volle Maximalleistung möglich ist, mitunter, im Bergwesen, schon in 6 bis 7 Stunden wirklicher Arbeitszeit. Für die Landwirthschaft hätte man allerdings im Sommer 10 bis 11 Stunden anzusetzen, im Winter würde ja dafür die Arbeit während mehrerer Monate auf einige Stunden reduzirt sein, resp. könnten die Arbeiter zum Theil beurlaubt werden. Jedenfalls muß der gesammte soziale Organismus einer Zentralbehörde unterstellt sein, welche die Produktion einheitlich nach dem Bedarf zu regeln hätte. Anarchistische, von einer staatlichen Gewalt unabhängige Genossenschaften würden sehr bald alle miteinander in Feindschaft gerathen, indem eine jede für sich die günstigsten Bedingungen zu erlangen suchte. Die Berufswahl wäre nach Möglichkeit frei zu stellen — bei Ueber- oder Unterangebot für einen Beruf hätten die Behörden, resp. auch das Loos zu entscheiden.

Es entsteht nun noch die Frage, wie der Uebergang zur sozialistischen Produktionsweise zu geschehen hätte, resp. welche Organisation zu wählen wäre, um diesen Uebergang möglichst schmerzlos zu gestalten. Da bieten sich nun mehrere Möglichkeiten: man könnte entweder ruhig so lange abwarten, bis die einzelnen Industriezweige sich in Trusts organisiren, um alsdann die Verwaltung dem Staate oder der Gesellschaft zu unterstellen, resp. es könnte auch, wie es selbst einige Sozialisten ausgeführt haben, die Verwaltung der Trusts in Händen von Privaten verbleiben und man brauchte blos den

· Reingewinn auf eine bestimmte Norm zu fixiren, den Ueberschuß an den Staat abzuführen, wie es z. B. heute bei der Deutschen Reichsbank der Fall ist. Dieser Ueberschuß könnte dann zur Erhöhung der Alterspensionen der Arbeiter verwandt werden, wobei dann allmälig, mit dem Anwachsen der Einnahmen aus dieser Quelle, das pensionsberechtigte Alter herabgesetzt werden könnte, z. B. von 65 auf 60, dann auf 55, 50 und weniger Jahre. Indessen wäre doch bei dieser Variante in der Sozialisirung der Gesellschaft schwerlich die höchste Leistungsfähigkeit zu erreichen, weil man bei der Waarenproduktion unter dem Gesetz von Angebot und Nachfrage stünde und das Kapital nach wie vor zu nützlichen Neuerungen sich nur bei Superplusprofiten entschließen würde. Außerdem müßte bei diesem Modus die Landwirthschaft außer Acht gelassen werden, resp. man müßte konsequentermaßen nur den Bodenbesitz verstaatlichen, die Bewirthschaftung jedoch im Pachtbetriebe führen. Dabei würde für den Staat wenig abfallen, weil Grund und Boden unter den heutigen Verhältnissen keine hohe Rente bringt, resp. die Einnahmen daraus kaum die Zinszahlungen decken würden. Worauf es ankommt, das ist doch eine starke Steigerung der Produktion, und die ist viel eher im Staatsbetriebe denkbar, wo man im großen Maßstabe mit Meliorationen vorgehen könnte und die Kosten nicht zu scheuen brauchte. Wenn auch eine vollständige Verstaatlichung aller Produktionszweige auf einen Ruck zu schwierig wäre, so ist doch ein allmäliger Uebergang anzustreben und man braucht durchaus nicht erst bis zum Zustandekommen von Trusts zu warten. Es kann z. B. zunächst die Landwirthschaft einer Provinz verstaatlicht werden, darauf in 2 bis 3 Jahren einer zweiten u. s. f. Bei dem ersten Versuche wird man selbstredend Lehrgeld zahlen, bei dem zweiten und dritten wird man viel gewitzigter verfahren. Ein Anerbieten, wie es scherzweise Bismarck gethan haben soll, den Sozialisten eine ganze Provinz für ihre Versuche in Entreprise zu geben, wäre, wenn es seitens der Machthaber im Ernste gemacht würde, jedenfalls zu acceptiren. Nur müßte natürlich auch das Kapital zur Verfügung stehen, um gleich die Landwirthschaft der betreffenden Provinz auf die intensivste Stufe zu bringen; es wären die tüchtigsten Landwirthschaftsprofessoren und -Praktiker zu berufen und diesen die Ausarbeitung von Meliorations- und Wirthschaftsplänen und die Leitung des Betriebes bei hoher Remuneration zu übertragen, wobei für die besten Leistungen noch hohe Extraprämien anzusetzen wären. Es ist ja aber auch, so lange es auf bloße Versuche ankommt, durchaus nicht nöthig, eine ganze Provinz zu verstaatlichen, ein Dutzend rationell geleitete Großbetriebe, in denen alle anzubringenden Verbesserungen angewandt würden, werden dasselbe leisten.

Was die Verstaatlichung gewisser Betriebszweige unter dem heutigen Regime anlangt, so hat die Sozialdemokratie allerdings in der Regel gegen den „Staatssozialismus" protestirt. Sie mußte es thun, weil es dabei stets nur auf fiskalische Zwecke abgesehen war, ohne daß eine Verbesserung der Lage der Arbeiter angestrebt wurde, ja dieser staatliche Sozialismus geradezu benützt wurde, um (in den vorhandenen Staatsbetrieben) die eigentlichen Sozialisten todt zu machen. Immerhin besteht ja zwischen Staatssozialismus und demokratischem Sozialismus kein prinzipieller, sondern bloß ein gradueller Unterschied, und wenn die heutige Regierung vom fiskalischen Gesichtspunkte absehen und den Vertretern der Arbeiter-klasse einen derartigen Einfluß einräumen wollte, daß der huma-nitäre Zweck, die Verbesserung der Lage der Arbeiter, in den Vordergrund gerückt, der Gesinnungsriecherei vorgebeugt würde, so wäre ein Kompromiß sicher nicht undenkbar. Freilich könnte sich aber die Sozialdemokratie mit der Verstaatlichung bloß einiger Betriebe nicht zufrieden geben, sondern müßte nach wie vor die Vergesellschaftung des ganzen Staatsorganismus im Auge behalten.

Was das Verhältniß der Sozialdemokratie zu den anderen (bürgerlichen) Parteien anlangt, so dürfte, wenn es mit der Sociali-sirung der Gesellschaft ernst würde, so paradox es klingen mag, am ehesten noch ein Kompromiß mit dem mittleren preußischen Junker-thum möglich sein. Diese preußischen Junker sind ja nicht besser und nicht schlechter als andere Menschen, und wenn sie heute die Sozialdemokratie am wüthendsten bekämpfen, so entspringt dieses Bekämpfen dem Wunsch, sich materiell zu verbessern, es wieder der Großbourgeoisie gleich thun zu können, die durch den gewaltigen Aufschwung der Industrie dick und fett und die eigentliche treibende Macht im Staate geworden ist. Diese Junker hoffen eben noch durch das Zusammengehen mit der Großbourgeoisie Hochschutzzölle zu erlangen, ihre Lage wirksam zu heben, die Grundrente steigern, ihre Schulden abzahlen zu können. Wenn sie sich erst überzeugt haben werden, daß solche Hoffnungen trügerisch sind, ein Reichstag, der einen Antrag Kanitz, Bimetallismus und dergleichen schöne Dinge annehmen würde, nicht zusammen zu bekommen ist, wenn ihnen die Hypothekenschulden immer mehr die Kehle zuschnüren, so werden sie sicher mit den heute noch so bitter gehaßten Sozial-demokraten ein Kompromiß eingehen, sofern es ihnen bessere Existenzbedingungen sichert, als der heutige bürgerliche Staat. Und die Sozialdemokratie kann bei den heutigen Grundpreisen diesen Junkern noch Bedingungen bewilligen, die sie materiell mindestens ebenso gut stellen würden, wie es nur ein Antrag Kanitz könnte. Nehmen wir z. B. einen mittleren ostelbischen Großgrundbesitz von 500 ha, dessen heutiger Verkehrswerth 500 000 Mk. beträgt. Die

Reineinnahme dürfte dabei nicht über 3 Prozent = 15000 Mk. betragen. Wenn nun auf einem solchen Großgrundbesitz 300000 Mk.
Hypothekenschulden investirt sind, für die an Zinsen und Amortisation 4 Prozent = 12000 Mk. zu bezahlen sind, so ist klar, daß
der Besitzer mit den ihm verbleibenden 3000 Mk. nicht gewohnheits-
resp. „standesgemäß" leben kann. Angenommen nun, der Besitzer
verkauft 200 Tons Getreide jährlich, und höher wird man wohl
nicht gehen können, so würden ihm Kanitz'sche Preise 30 bis
40 Mk. per Ton mehr garantiren, resp. 6000 bis 8000 Mk., so daß
seine Reineinnahme alsdann auf 9000 bis 11000 Mk. steigen
würde. Wird jedoch zu den Eingangs erwähnten Bedingungen sein
Gut vom Staate angekauft (25 Prozent über den heutigen Verkehrswerth gezahlt), so behielte er nach Abtragung der Hypothek
325000 Mk., die à 3½ Prozent jährlich zusammen 11375 Mk.
bringen würden, also mehr als der Antrag Kanitz, und das ohne
daß er sich mit dem Fluch von Millionen, denen ihr tägliches Brot
vertheuert ist, zu beladen brauchte. Seinen Stammsitz, resp. Schloß
oder Wohnhaus und Park braucht ja dabei der Staat nicht, die
kann man ihm getrost auch ferner zu erb und eigen überlassen, es
käme also auch die Anhänglichkeit an die Heimath, den Sitz der
Väter zu ihrem Rechte. Je eher überhaupt die Sozialisirung der
Gesellschaft vorgenommen wird, desto günstigere, relativ genommen,
Bedingungen können den bisherigen Besitzenden bewilligt werden.
Je länger diese die Liquidation hinziehen, je mehr Kapital an-
gehäuft und je mehr arbeitsloses Einkommen dem Nationaleinkommen entzogen wird, desto schwieriger wird es, die Besitzenden
nicht zu schädigen. Heute noch brauchen auch die größten Krösusse
nicht geschädigt zu werden — in einem Menschenalter dürfte das
stark anders geworden sein, da wird man nur kleinere Vermögen
und von größeren nur eine gewisse Quote bewilligen können, wenn
nicht gar, wegen allzuheftiger Feindseligkeit gegen die Interessen
der Arbeitenden, für die größeren Vermögen ein vollständiger
„Kladderadatsch" eintritt. Heute, und wohl noch im Laufe der
nächsten 10 Jahre, haben es die herrschenden Kreise in der Hand,
durch einen Kompromiß mit dem Sozialismus für sich und die Besitzenden günstige Bedingungen zu erlangen. Es ist nicht zu bezweifeln, daß die Arbeiter, um einen unblutigen Ausgang der
sozialen Kämpfe zu ermöglichen, sich zu vielen Konzessionen bereit
finden werden, soweit dabei die Grundgedanken des Sozialismus
gewahrt, die Wahrscheinlichkeit allgemeinen Wohlstands näher gerückt wird. In 10 Jahren dürfte in Deutschland die Sozialdemokratie (das Wachsthum im letzten Jahrzehnt zur Richtschnur genommen) die Majorität im Reichstag erreicht oder doch nahezu die
Hälfte der Wählerstimmen auf sich vereinigt haben. Sollten die

herrschenden Klassen den Versuch machen, die Sozialpolitik mit
Kanonen zu treiben, so ist daran zu erinnern, daß man mit Pulver
und Blei die sozialen Uebel nicht aus der Welt schafft — der
endliche Sieg kann doch nur den „großen Massen" zufallen. Einige
Sozialistenbekämpfer, z. B. Professor Georg Adler, sind allerdings
so freundlich, der Sozialdemokratie nur die Wahl zu lassen, ent=
weder am Marxismus festzuhalten und dann zur Ohnmacht ver=
dammt zu sein, oder durch Annahme eines besonderen Agrar=
programms den Grundgedanken des Sozialismus über Bord zu
werfen.¹ Wir hoffen, daß die vorliegende Untersuchung mit dazu
beitragen wird, die Festigkeit der gestellten Alternative ein wenig
zu erschüttern.

Den Sozialisten wird häufig Ignorirung des Bevölkerungs=
problems vorgeworfen, resp. allzu ablehnende Stellung gegenüber
dem Malthusianismus. Es ist darauf hingewiesen, daß im Sozial=
staate, wenn Alle frühzeitig heirathen können, eine so schnelle Volks=
vermehrung eintreten könnte, daß die Vermehrung der Subsistenz=
mittel hinter der Volksvermehrung zurückbleiben würde und alsdann
selbst bei vollständigem Wegfall des arbeitslosen Einkommens all=
gemeines Elend unausbleiblich sei. Demgegenüber hat nun schon
Konrad Schmidt darauf hingewiesen, daß es ja in der Macht des
Staates liege, eine zu schnelle Volksvermehrung zu verlangsamen,
indem man den Eltern selbst die Erziehung ihrer Kinder auferlege.²
Jedenfalls ist theoretisch vorläufig eine Ignorirung jenes Problems
ungefährlich, weil ja selbst die alten Kulturländer bei dem heutigen
Stande unseres Wissens ihre landwirthschaftlichen Erträge ganz be=
deutend steigern, mindestens verdoppeln können. Und dabei würde
eine solche Verdoppelung der Erträge sehr gut in 10 Jahren be=
wirkt werden können. Zum Theil mag jene Ignorirung aus tak=
tischen Gründen erfolgt sein, ein starker Bevölkerungszuwachs muß
ja bei der heutigen Wirthschaftsordnung, dem „Konkurrenzsystem",
nothwendig der Sozialdemokratie nicht nur absolut, sondern auch
relativ, in Folge der sich verschärfenden Existenzbedingungen, immer
mehr Anhänger zuführen. Und was die Zukunft anlangt, so würde
allerdings, wenn erst die ganze Erde zur maximalen Ertragsfähig=
keit gebracht ist, vielleicht in 150 bis 200 Jahren, ein Moment ein=
treten, wo die weitere Volksvermehrung zur Einschränkung der
Lebenshaltung, Verelendung der Massen führen müßte. Dagegen
hat man gewiß bei Zeiten Maßregeln in der von Konrad Schmidt

---

¹ Handwörterbuch der Staatswissenschaften, Supplementband, Artikel
Sozialdemokratie.

² Brauns Archiv 1893 in der Rezension von Adolf Wagners Grund=
legung der Nationalökonomie.

angedeuteten Art zu ergreifen. Die natürliche Regulirung der Volksvermehrung, Abnahme der Fruchtbarkeit bei besserer Lebenshaltung und vorwiegend geistiger Beschäftigung (Sadler, Doubleday, Spencer, Carey) ist freilich längst als unwissenschaftlich erwiesen. Da wird denn eben auch den anderen Völkern nichts übrig bleiben, als zu dem schon heute von den Franzosen geübten Zweikindersystem zu greifen. Daß dabei eine Entartung der Rasse stattfinden müßte, ist jedenfalls unbewiesen und sogar unwahrscheinlich. Wenn die Frauen und Männer im kräftigsten Lebensalter, also vom 25. bis 35. Lebensjahre, Kinder haben und später Enthaltsamkeit üben oder künstlich unfruchtbar bleiben, so können doch, falls sich daraus für die Eltern Nachtheile einstellen, diese Nachtheile nicht auch auf die Kinder Bezug haben, die vorher geboren sind.

Die Glückseligkeit aller Menschen, wovon die Utopisten schwärmen, kann freilich die soziale Ordnung nicht bewirken. Unzufriedene wird es stets geben. Alles, was erreicht werden kann, ist eine gerechtere Grundlage der Existenzbedingungen und schon dazu genügt meines Erachtens nicht der Zusammenschluß der Proletarier aller Länder. Die edelsten und besten Geister müssen die Sache des Volkes für die ihre ansehen, in harter Arbeit und unentwegter Ausdauer an der Vervollkommnung der menschlichen Dinge mitarbeiten, „nur dem Ernst, den keine Mühe bleichet, rauscht der Wahrheit tief versteckter Born". Aber freilich kann die Befreiung der Arbeiterklasse nur das Werk dieser selbst sein, die Masse der Besitzenden wird keinen Finger rühren, bevor sie die harte Nothwendigkeit nicht dazu zwingt. Die unteren Klassen mögen ja dabei, als Individuen einzeln betrachtet, nicht besser sein als der Durchschnitt der oberen, in ihrer Gesammtheit vertreten die unteren das Vervollkommnungsprinzip, die oberen den Rückschritt und die Entartung.

Indem der Sozialismus nicht die Menschen bekämpft, sondern die Institutionen, die den Menschen zum Raubthier machen, indem er die Schaffung gleicher Bedingungen fordert für alles, was Menschenantlitz trägt, will er erst durch das Mittel der materiellen Hebung der breiten Massen die Möglichkeit des ethischen und intellektuellen Fortschrittes anbahnen. Aber halt — welche Meute, welchen Wespenschwarm von angeblichen Darwinianern, Nietzscheanern, Uebermenschen habe ich da angerührt! Welches naturwissenschaftliche Kind bin ich doch! Weiß ich denn nichts davon, daß erst der Kampf ums Dasein den Fortschritt zu höheren Entwicklungsformen ermöglicht hat? Gewiß, deswegen hat es auch das herrschende Wirthschaftssystem so vortrefflich verstanden, diesen Daseinskampf zu einem „Sieg der gewissenloseren Elemente", um mit einem konservativen Nationalökonomen zu

reden,³ zu gestalten, resp. zu einer „Auslese der Kriecher und Aus=
merzung der Männer von Charakter" (Enrico Ferri, Sozialismus
und moderne Wissenschaft, Leipzig 1895, S. 44). Man vergißt, daß
keine Thierart Erbbesitz des Einzelindividuums kennt, daß nirgends
im Thierreich eine Trennung von Kapitalisten und Arbeitern vor=
handen ist. Und Darwin selbst hat in einem seiner letzten Gespräche
mit Wallace sich dahin geäußert, daß gegenwärtig eine Entartung
der guten Rasse stattfinde, indem die Menschen, namentlich beim
Heirathen, sich weit mehr von praktisch=materialistischen Beweg=
gründen leiten lassen, als von Gefühlen, die zur Erhaltung und
weiteren Ausbildung der Menschheit dienlich sein könnten. Wenn
es so weiter geht wie heute, wenn der Egoismus und die Habgier
immer tiefere Wurzeln schlagen, dann ist es, als ob ein edles
Thier, in dem die Keime zu höherer Entwicklung verborgen waren,
nur seine Beine anwenden und seine Zähne üben wollte, um immer
größere Schnelligkeit im Verfolgen, größere Gewandtheit im Zer=
reißen der Beute zu erlangen, wobei es immer magerer und häß=
licher wird . . . Das edle Thier mit dem milden Blick ist zur
wüthenden, abschreckenden Bestie geworden . . .

Wir kommen zum Schlusse. Eine der gewöhnlichsten Ein=
wendungen gegen den Sozialismus ist die, die sozialistische Ordnung
sei nicht möglich, weil die Menschen keine Engel seien, sondern von
egoistischen Triebfedern geleitete gewöhnliche Sterbliche, der Sozia=
lismus setze erst eine Aenderung der menschlichen Natur voraus.
Gewiß überwiegen heute bei den Menschen die egoistischen Leit=
motive so sehr, daß man ihnen durchaus Rechnung tragen muß.
Das ist denn in der vorliegenden Arbeit auch geschehen, indem für
die Besitzenden volle Entschädigung statuirt, für die gelehrten Berufe
höhere Remuneration als für die physische Arbeit angenommen ist.
Uebrigens sind sich ja die anerkanntesten sozialistischen Theoretiker
über die Bedeutung des Egoismus als Triebfeder der jetzigen Men=
schen und auch bei dem Uebergang zur sozialistischen Gesellschafts=
form sehr wohl bewußt. Wenn Kautsky sagt: „Die Vertheilung
der Güter in einer sozialistischen Gesellschaft dürfte in absehbarer
Zeit nur in Formen vor sich gehen, welche eine Fortentwicklung der
heute bestehenden Lohnformen darstellen",⁴ so hat er doch eben mit
Gegenwartsmenschen, nicht mit idealistischen Zukunftsmenschen ge=
rechnet. Marx selbst hat sich darüber in den Randglossen zum
Gothaer Programm deutlich ausgesprochen,⁵ worauf auch Konrad

---

³ Adolf Wagner, Grundlegung der Nationalökonomie I, 2 Leipzig,
1893, S. 819.
⁴ Erfurter Programm, S. 158.
⁵ Neue Zeit 1890/91, S. 565 ff.

Schmidt gegenüber Adolf Wagner hinweist. (Brauns Archiv 1893.)
Wenn freilich Marx in Bezug auf die allgemeinen, nicht zur Pro=
duktion gehörigen Verwaltungskosten sagt, dieser Theil werde von
vornherein aufs Bedeutendste beschränkt im Vergleich zur jetzigen
Gesellschaft und vermindere sich im selben Maß, als sich die neue Ge=
sellschaft entwickle,[6] so wäre zu bemerken, daß der absolute Betrag
der Aufwendung für die Verwaltung sich schwerlich verringern
würde, wohl aber würde mit fortschreitender Hebung der Produktion
der relative Abzug sich vermindern. Den Bedarf für Schulen, Ge=
sundheitsvorrichtungen u. dergl. nimmt auch Marx wachsend an.
Was die Bedeutung der geistigen Arbeit anlangt, so hat bereits
Werner Sombart Marx gegen den Vorwurf in Schutz genommen,
Letzterer (Marx) erkenne nur die Handarbeit als produktiv an und
auf die betreffenden Stellen bei Marx verwiesen.[7]

So wenig nun auch die sozialistische Ordnung die Zufrieden=
heit Aller bewirken kann, so wird doch die Mehrzahl selbst der
kleinlichsten Egoisten und Spießbürger sich sicher mit ihr abfinden,
sofern nur ihr Einkommen dabei nicht geschmälert ist. Erfolg=
anbeter, wie die meisten Menschen sind, werden sie alsbald die
neue Ordnung ebenso sehr loben, wie sie sie jetzt schelten und die
heutige vertheidigen. Und was den Vorwurf der Langeweile und
Eintönigkeit der sozialistischen Ordnung betrifft, so ist es gerade
die heutige Wirthschaftsform, welche alle edleren Regungen zu er=
sticken, Leidenschaft, Liebe zu unterdrücken, resp. zur Konvenienz=
sache zu machen droht. Nur „so lange Menschen lieben, ein Herz
noch brechen kann", so lange, aber auch nur so lange, „weilt auf
Erden die Göttin Poesie". Die heutige Ordnung, das schranken=
lose Konkurrenzsystem, verscheucht die Poesie und Romantik, macht
die Kunst zur dienenden Magd eines geschmacksverderbenden Geld=
protzenthums, setzt an Stelle davon eine schale Alltäglichkeit und
Prosa des Lebens, die bei längerer Fortdauer den letzten fühlenden
Menschen zur Verzweiflung und zum Selbstmorde treiben könnte.
Wenn nicht die Hoffnung auf eine bessere Zukunft, freiere Ent=
faltung der edelsten menschlichen Eigenschaften noch bliebe, wenn es
auch in Zukunft gehen sollte, wie heute, und noch eine Verschlechte=
rung eintreten, so könnte man blos mit Faust ausrufen: „Dann magst
Du mich in Ketten schlagen, dann will ich gern zu Grunde gehen."
Wenn manche Gegner des Sozialismus behaupten, daß doch
nur wenige Menschen das Maß von Sittlichkeit und Geistesbildung

---

[6] Neue Zeit 1890/91, S. 565 ff.
[7] Brauns Archiv, Bd. VII (1894), S. 579; Marx Kapital, Bd. I, 4,
S. 472; III, 1, S. 373 bezeichnet Marx den unter Umständen glänzend
bezahlten Direktor einer Aktiengesellschaft als einen produktiven Arbeiter.

erreicht hätten, welches erforderlich sei, um eine lange und reiche
Muße, wie sie der Sozialstaat verheiße, in angemessener Weise zu
verwenden, so ist das eben nur ein drastisches Beispiel dafür, mit
welch zweierlei Maß die Menschen sich und andere messen. Denn
daß die oberen Zehntausend, die angebliche „Elite" der Völker, faul-
lenzen, darin findet man nichts Anstößiges. Wie für unsere Tage
hat Turgenieff in seinem „Neuland" eine Sauriernatur gezeichnet,
den Kallomeizeff, der nur zwei Prinzipien anerkannte, Champagner
für die eigene werthe Person und die Knute für das niedere Volk.
Gewiß wollen wir die sittliche Bedeutung der Arbeit nicht ver-
kennen, wenn die Masse der Menschen aber auch nach gethaner
Arbeit nicht die verdiente Muße findet, wenn keine Arbeit sie vor
dem Elend schützt, dann soll doch lieber diese ganze elende Welt in
Trümmer gehen, als die Menschheit immer nur zum Leiden und
Leiden verdammt sein. Wir hoffen jedoch, mit gezeigt zu haben,
daß es nur an der Wirthschaftsform liegt, wenn keine besseren
Resultate erzielt worden sind. Gewiß ist noch Arbeit, viel Arbeit,
mühsame ernste Forschung, sorgfältige Versuche erforderlich, um
eine bessere Zukunft anzubahnen — wir dürfen nur nicht verzweifeln
und uns dem Pessimismus hingeben, wenn so manche schöne Hoffnungen fehlschlagen, so manches Opfer zu bringen ist, endlich muß
doch der alte, finstere Wahn weichen, daß das Elend unausrottbar
sei — es kann zwar keine vollkommene, aber doch eine bessere Welt
geben, es hat für so manches jetzt noch unergründete Geheimniß in
der Natur und im Menschenleben kein ignorabimus, sondern ein
sciemus zu gelten.